Kommentar

zum

Reichsgesetz betreffend die

Abzahlungsgeschäfte

vom 16. Mai 1894

von

M. K. Samter

Geheimer Justizrat und Amtsgerichtsrat i. R.

Zweite neubearbeitete Auflage.

1927

H. W. Müller, Berlin und München.

Druck von Dr. F. P. Datterer & Cie., Freising-München

Vorwort.

Der vorliegende Kommentar versucht die ebenso zahlreichen, wie wirtschaftlich bedeutungsvollen Streitfragen zu lösen, die das Reichsgesetz, betreffend die Abzahlungsgeschäfte vom 16. Mai 1894 hervorgerufen hat.

Die Darstellung hat darauf Bedacht genommen, die einzelnen Erläuterungen auch dem Laien verständlich zu machen.

Vielleicht tragen die eingehenden Ausführungen dazu bei, die Zahl der aus Abzahlungsgeschäften bisher entstandenen Rechtsstreitigkeiten zu mindern oder wenigstens ihre Entscheidung zu erleichtern.

Berlin-Charlottenburg, im März 1911.

M. K. Samter.

Vorwort zur zweiten Auflage.

Anlage und Hauptzweck des Kommentars sind auch in der vorliegenden zweiten Auflage gewahrt worden.

Es sind deshalb in letzterer auch die für den Abzahlungsvertrag, als Kaufart, maßgebenden Vorschriften des Bürgerlichen Gesetzbuchs erwähnt und, wo erforderlich, erläutert.

Nur die Kenntnis jener Vorschriften **und** der Bestimmungen des Abzahlungsgesetzes vermag in Streit geratenen Parteien eines Abzahlungsvertrages eine gütliche Einigung zu erleichtern.

Neuerliche Erscheinungen im Abzahlungsgebiet sind berücksichtigt.

Charlottenburg, im Mai 1927.

M. K. Samter.

Verzeichnis der Abkürzungen.

Anm.	=	Anmerkung.
BGB.	=	Bürgerliches Gesetzbuch für das Deutsche Reich.
Beiträge	=	Beiträge zur Erläuterung des Deutschen Rechts.
BGB. der RGG.	=	Das Bürgerliche Gesetzbuch, erläutert von Reichsgerichtsräten.
Bl. f. Rechtspfl.	=	Blätter für Rechtspflege im Bezirk des Kammergerichts.
DJZ.	=	Deutsche Juristenzeitung.
Enneccerus-Kipp-Wol	=	Lehrbuch des bürgerlichen Rechts.
Fuld	=	Fuld, Das Reichsgesetz betreffend die Abzahlungsgeschäfte. 1894.
Gruchot	=	Beiträge zur Erläuterung des deutschen Rechts.
Hausmann	=	Das Gesetz betreffend die Abzahlungsgeschäfte.
Hein	=	Abzahlgesetz und Kredithäuser. 1910.
Hoffmann-Wilke	=	Das Reichsgesetz betreffend die Abzahlungsgeschäfte.
Jastrow	=	Das deutsche Reichsgesetz über die Abzahlungsgeschäfte im Archiv für soziale Gesetzgebung und Statistik VII, S. 278.
JW.	=	Juristische Wochenschrift.
Keidel	=	Handausgabe des Bürgerlichen Gesetzbuchs auf Grund von Dr. Staudinger Kommentar.
Lazarus	=	Das Recht des Abzahlungsgeschäfts. 1898.
Lichtenthal	=	Ratenzahlungssystem. 1891.
Mugdan-Falkmann	=	Die Rechtsprechung der Oberlandesgerichte.
Recht	=	Das Recht. Rundschau für den deutschen Juristenstand jetzt: Juristisches Zentralblatt für Praktiker.
RG.	=	Entscheidungen des Reichsgerichts in Zivilsachen.
Rechtsprechung	=	Rechtsprechung der Oberlandesgerichte.
Schmitt	=	Das Reichsgesetz betreffend die Abzahlungsgeschäfte.
Staudinger	=	Staudinger Bürgerliche Gesetzbuch und Einführungsgesetz. Kommentar.

Das Reichsgesetz betreffend die Abzahlungsgeschäfte.

Vom 16. Mai 1894.

(Reichsgesetzblatt S. 450.)

§ 1.[1,2,3]

Hat bei dem Verkauf[4] einer dem Käufer übergebenen[5] beweglichen[5] Sache, deren Kaufpreis in Teilzahlungen berichtigt werden soll, der Verkäufer sich das Recht vorbehalten, wegen Nichterfüllung der dem Käufer obliegenden Verpflichtungen[7] von dem Vertrage zurückzutreten[8], so ist im Falle dieses Rücktritts jeder Teil verpflichtet, dem anderen Teil die empfangenen Leistungen zurückzugewähren[9]. Eine entgegenstehende Vereinbarung ist nichtig[10].

Dem Vorbehalte des Rücktrittsrechts steht es gleich, wenn der Verkäufer wegen Nichterfüllung der dem Käufer obliegenden Verpflichtungen kraft Gesetzes[11] die Auflösung des Vertrages verlangen kann.

1. Der Begriff des Abzahlungsgeschäfts ist in dem Gesetz nicht festgestellt, aus der Begründung und dem Paragrapheninhalt daher zu entnehmen. Hiernach besteht ein Abzahlungsgeschäft in einer, mit der Übergabe einer beweglichen Sache an einen (nicht als Kaufmann in das Handelsregister eingetragenen) Empfänger (§ 7) behufs Erwerbs jener Sache verbundenen Vereinbarung, die eine Berichtigung des Erwerbspreises durch Teilzahlungen festsetzt. Die Anzahl der Teilzahlungen muß — schon nach dem Wortsinn „Teilzahlungen" — auf mindestens drei sich belaufen, die nach der Übergabe der Sachen zu entrichten sind.

In der Gerichtspraxis hatte man früher angenommen, daß mindestens zwei Teilzahlungen für die Annahme eines Abzahlungsgeschäfts genügten. Ein solches wurde daher schon als vorliegend bei einer Preiszahlungsabrede angenommen, nach der die Hälfte des Kaufpreises bei der Ablieferung, der Rest nach einem bestimmten Zeitpunkt später zahlbar sein sollte.

Überwiegend, und allerdings bei schärferer Prüfung mit Recht, ist aber der Rechtsansicht einer Entscheidung in der Rechtsprechung der Oberlandesgerichte, Bd. 22 S. 221, beigetreten, die dahin geht:

„Wenn schon im § 1 keine bestimmte Anzahl von Teilzahlungen vorgeschrieben ist, so muß doch aus dem wirtschaftlichen Zweck des Gesetzes, besonders aus der positiven Bestimmung des § 4 [2] gefolgert werden, daß ein Abzahlungsgeschäft nur dann vorliegt, wenn der Kaufpreis in einer Reihe von Teilzahlungen, die mindestens drei betragen muß, berichtigt werden soll."

Ein Vertrag, der Teilzahlungen vor und nach der Übergabe von Sachen festsetzt, ist vor der Übergabe ein gewöhnliches Kreditgeschäft, nach der Übergabe erst ein Abzahlungsgeschäft im Sinne des Reichsgesetzes. Die Abzahlungsgeschäfte lassen sich ihrer Art nach einteilen in:

a) Abzahlungsgeschäfte von „unverhüllter Gestalt": wenn sie, wie die Begründung zu § 1 sagt, die Rechtsform des Kaufs zeigen;

von verhüllter Gestalt: wenn sie eine andere Rechtsform, insbesondere die des Mietvertrags haben.

b) Abzahlungsgeschäfte unverhüllter Gestalt sind:

gewöhnlicher Art, bei denen bis zur Vollzahlung sämtlicher Preisraten der Veräußerer sich das Eigentum an den veräußerten Sachen vorbehält;

ungewöhnlicher Art, bei denen, der Vereinbarung von Ratenzahlungen ungeachtet, der Erwerber sofort das Eigentum an den veräußerten Sachen erwirbt.

c) Die Abzahlungsgeschäfte verhüllter wie unverhüllter Art sind begrifflich normaler Art, wenn sie zum Gegenstand bewegliche Sachen, mit Ausnahme von Lotterielosen und Inhaberpapieren mit Prämien haben. Die Übergabe der veräußerten Mobilien ist die Voraussetzung für das Zustandekommen eines Abzahlungsgeschäfts.

Die Abzahlungsgeschäfte begrifflich anormaler Art haben Lotterielose und Inhaberpapiere mit Prämien zum Gegenstand. Der Abschluß solcher Abzahlungsgeschäfte macht den Veräußerer — der nicht als Kaufmann im Handelsregister eingetragen ist s. § 8! — gemäß § 7 strafbar; darüber, ob trotzdem ein Abzahlungsgeschäft im Sinne des Reichsgesetzes vom 16. Mai 1894 zustandekommt, und zwar dann, wenn jene Wertpapiere übergeben werden s. Anm. zu § 7.

2. Die wesentlichen Begriffsteile des Abzahlungsgeschäfts bilden mithin (von der Ausnahme im § 7 abgesehen) nur Übergabe einer beweglichen Sache zum Zwecke des Erwerbes an den Empfänger und die Teilzahlungsabrede bezüglich des Erwerbspreises.

Unwesentliche, wenn auch übliche Teile des Abzahlungsgeschäfts sind:

der Vorbehalt des Eigentums bis zur Vollzahlung des Erwerbspreises für den Übergeber der Sache bei Abzahlungsgeschäften unverhüllter Gestalt, also in der Rechtsform des Kaufs;

der Vorbehalt des Rücktrittsrechts bei allen Arten von Abzahlungsgeschäften für den Sachübergeber für den Fall der Nichterfüllung der Vertragsverpflichtungen des Sacherwerbers.

Letzteres ist streitig; einzelne Schriftsteller sehen die Abrede jenes Rücktrittsrechts als wesentlichen Bestandteil des Abzahlungsgeschäfts an. Die Fassung der §§ 1, 2 und die Begründung stehen dem entgegen; s. auch S. 34 und 80.

3. Die Vorschriften über das Abzahlungsgeschäft in den §§ 1—9 des Reichsgesetzes werden ergänzt:

durch die Vorschriften des BGB. in seinem ersten Buch, also in seinem allgemeinen Teil, in den §§ 1—240, und durch die Bestimmungen des BGB. in dem zweiten Buch, das in den §§ 241 bis 432 die Vorschriften über das Recht der Schuldverhältnisse enthält.

Die gedachten Vorschriften finden auf Abzahlungsgeschäfte, unverhüllter wie verhüllter Form, im „allgemeinen" (!) Anwendung.

Danach können Ansprüche, die nach dem Abzahlungsgesetz begründet, doch unverfolgbar sein, z. B. wegen Verstoßes gegen das Wucherverbot des § 138 BGB.; s. auch Keidel, Anm. 2 zu § 138.

Im einzelnen werden die Abzahlungsgesetzesvorschriften ergänzt:

durch die Vorschriften des BGB. über den Kauf, sofern das einzelne Abzahlungsgeschäft „unverhüllt", also in dieser Rechtsform vereinbart ist;

durch die Vorschriften des BGB. über die Miete und über die im § 868 BGB. erwähnten Rechtsverhältnisse, sofern das einzelne Abzahlungsgeschäft verhüllt, also in einer anderen Rechtsform als in der des Kaufs vereinbart ist.

4. Bei dem Verkauf, also bei dem unverhüllten Abzahlungsgeschäft in der Rechtsform des Kaufs, von dem der § 1 des Reichsgesetzes handelt, kommen hier auf Grund der ergänzenden Vorschriften des BGB. in Betracht zuvörderst:

b) **Die Hauptverpflichtung des Verkäufers.** Die Sachen sind in dem Zustande, in dem diese sich zur Zeit des Abschlusses des Verkaufs befanden, dem Käufer zu übergeben.

a) Der Begriff des Verkaufs (§ 433 BGB.). Ein Verkauf im Sinne des § 1 ist auch der Werklieferungsvertrag über eine vertretbare Sache des § 651 BGB.

Die von Kredithäusern vertretene Ansicht, Schäden der Sachen nach Vertragsschluß, die diese auf dem Lager erlitten, stets nachträglich nach der Übergabe beseitigen zu können, ist rechtsirrtümlich.

Der Käufer ist vielmehr — sobald ein Kauf und nicht ein Werkvertrag vorliegt, der § 634 BGB. mithin nicht anwendbar — berechtigt, die Annahme der Sache abzulehnen und den Kaufpreis zu verweigern; nur ganz unbedeutende Schäden nach Vertragsabschluß sind rechtlich unbeachtlich, vgl. RG. 53, 73, auch 61, 92! und S. 9 über die sog. Nachreparatur.

Die zusammengehörenden Sachen sind vollzählig zu übergeben, und sofern dies nicht geschieht, ist der Käufer berechtigt, die Annahme der nicht vollzählig angebotenen Sachen abzulehnen (§ 469 BGB.).

Nur wo unbedeutende Sachen, z. B. Gardinenstangen bei Verkauf und Lieferung einer ganzen Einrichtung fehlen, würde die Weigerung der Annahme der übrigen Kaufssachen gegen Treu und Glauben verstoßen und daher rechtlich unzulässig sein; vgl. RG. 57, 399, 53, 73; § 120 Abs. 2 BGB.

Die sog. Beförderungsgefahr, d. h. „die Schäden, für die die Tatsache der Versendung ursächlich wird, wenn auch nur als Mitursache", hat gemäß § 447 BGB. der Abzahlungskäufer zu tragen.

Dies auch dann, wenn die Abzahlungssachen auch nur innerhalb desselben Ortschaftsbezirkes von dem Geschäft des Abzahlungsverkäufers nach der Wohnung des Abzahlungskäufers versandt werden.

Hat aber (wie das durchweg verkehrsüblich und von umsichtigen Abzahlungskäufern auch ausdrücklich vereinbart wird) der Abzahlungsverkäufer die verkauften Abzahlungssachen selbst oder durch angenommene Personen dem Abzahlungskäufer in das Haus zu bringen, so hat der Abzahlungsverkäufer Transportschäden bis zur Auslieferung der Sachen an den Abzahlungskäufer zu tragen und daher kostenlos zu beseitigen.

Dies wird jetzt mit Recht mit den Ausführungen im Kommentar der Reichsgerichtsräte zum BGB., Anm. 2 zu § 447, angenommen, trotz der Entscheidung des RG. 96, 58.

Über die Art der hier zu tätigenden Übergabe und die Natur der Abzahlungskaufsachen s. S. 8 d und e.

c) **Die Hauptverpflichtung des Käufers** besteht auch hier in der Zahlung des Kaufpreises.

Für diese Hauptverpflichtung des Käufers ist hier, wo die Nichtzahlung vereinbarter Preisraten ein Rücktrittsrecht des Verkäufers so oft nach sich zieht (§ 4), von besonderer Bedeutung:

α) Die Frage der pünktlichen Zahlung. Der Zeitpunkt der einzelnen Teilzahlung muß zuvörderst kalendermäßig fest bestimmt sein, wenn an die Nichtzahlung ohne Mahnung des Verkäufers sich gesetzliche oder vertragsmäßige Rechtsfolgen knüpfen sollen; § 284 Abs. 2 BGB.

Vertragsmäßige Bestimmungen, wie „spätestens bis zur Verheiratung", „am Ende jeder Woche", „Mitte des Monats" sind keine kalendermäßig fest bestimmte Tage, vgl. RG. 60, 84. In solchen Fällen kommt daher der Käufer erst mit der Mahnung des Verkäufers in Verzug. (S. aber das unter γ S. 6 Dargelegte.)

Die Möglichkeit der Leistung der einzelnen Teilzahlung muß ferner vorliegen, § 275 BGB.

Eine Unmöglichkeit zur Leistung schließt auch hier den Verzug des Käufers und daher die Annahme einer rechtswidrigen Nichterfüllung einer einzelnen Teilzahlungsverpflichtung aus.

Die Unmöglichkeit der Leistung hat der Käufer zu beweisen; § 282 BGB., RG. 63, 68.

Die Nichtleistung einer an sich möglichen Zahlung bleibt jedoch außer Betracht, wenn diese Zahlung ohne Verschulden des Käufers unterblieben; s. Anm. 14 zu § 4.

Zweifelhaft und daher hier zu erwähnen ist, ob der oft wiederkehrende Einwand, schwere Erkrankung oder Arbeitslosigkeit und ähnliche Umstände mit ihrer verursachten Mittellosigkeit hätten die Nichtleistung der Teilzahlungen verursacht, im Sinne der §§ 275, 276, 285 BGB. erheblich ist.

Als Regel muß, leider trotz der schweren wirtschaftlichen Verhältnisse, mit dem Urteil des RG. 75, 335 hier gelten: „bloße Mittellosigkeit kann regelmäßig nicht Unvermögen im Sinne des BGB. bedeuten"; jene hebt die Zahlungspflicht des Abzahlungskäufers nicht auf. Die Nichtzahlung infolge Geldmangel kann nur dort als eine unverschuldete gelten und daher ohne rechtsschädliche Wirkung bleiben, wo nach beiderseitigem Parteieinverständnis die einzelnen Kaufpreisraten ausschließlich von dem Lohneinkommen des Käufers zu berichtigen sind, da ein anderes Einkommen sowie Vermögen nicht vorhanden. Gl. Ans. Hausmann 90 A. Im übrigen s. auch RG. JW. 1902, Beilage S. 114 und ferner auch Anm. 14 zu § 4.

Unbedeutende Restbeträge einzelner Teilzahlungssummen können die Rechtsfolgen des Verzugs, insbesondere ein Rücktrittsrecht nicht begründen; § 242 BGB. Dies kann nach den Urteilen des RG. 82, 54; 86 334 nicht mehr zweifelhaft sein.

Gegenforderungen des Käufers schließen seine Zahlungspflicht aus. Nicht erforderlich ist, daß sogleich im Zeitpunkte der Fälligkeit der einzelnen Kaufpreisrate die Aufrechnung mit einer Gegenforderung bereits erklärt ist; vgl. § 389 BGB., auch RG. 50, 389.

Über die Zahlungspflicht bei vorhandenen Mängeln der übergebenen Sache s. S. 10, auch 75, 78.

β) Der Ort der Zahlung wird durch § 269, und da es sich um Geldleistung handelt, in Verbindung mit § 270 BGB. bestimmt.

Die Wohnung des Käufers bleibt daher zwar Leistungsort, trotzdem ist die einzelne Kaufpreisrate vom Käufer an die gewerbliche Niederlassung des Verkäufers auf Gefahr und Kosten des ersteren zu übersenden.

Die Vorlegung eines Postscheins beweist die Ablieferung wie den Empfang eines Geldbetrags noch nicht, falls dieser vom Verkäufer bestritten werden — vgl. RG. 13, 46 — und sind daher vom Käufer zu erweisen.

Eine Abrede, daß ein Kassierer des Verkäufers die einzelne Rate vom Käufer holt, macht die Ratenzahlung unter Abänderung der §§ 269, 270 zu einer Holschuld, deren Leistungsort der jedesmalige Wohnsitz des Käufers ist.

Jene Abrede kann stillschweigend vereinbart werden und ist stillschweigend geschlossen, wenn der Verkäufer schon die erste Rate durch einen Kassierer holen läßt und der Käufer diesem zahlt.

Eine Verlegung seiner Wohnung hat aber der Käufer rechtzeitig, also vor dem Fälligkeitstage der nächstfälligen Rate, dem Verkäufer anzuzeigen.

Unterbleibt eine solche Anzeige und hat der Verkäufer die Aufgabe des bisherigen Wohnorts des Käufers nicht erfahren und daher vergeblich versucht, die fällige Rate am bisherigen Wohnort des Käufers einzuziehen, so ist der Käufer mit der Zahlung der einzelnen Rate in Verzug geraten; § 285 BGB. Die Beseitigung desselben hat nunmehr durch Zahlung unter den gesetzlichen Voraussetzungen des § 270 BGB. zu erfolgen; der Käufer wird mithin verpflichtet, die Rate, deren Einkassieren vergeblich versucht, auf seine Gefahr und Kosten dem Verkäufer an dessen gewerbliche Niederlassung zu übermitteln.

Dasselbe gilt natürlich für die nächstfolgende Rate, sofern vor Fälligkeit derselben nicht die Anzeige der Wohnortsverlegung erfolgt; ist dies geschehen, so ist jene Rate von dem Verkäufer an dem neuen Wohnort des Käufers einzukassieren.

Die von einem Kassierer abzuholende Ratensumme hat in der Wohnung des Käufers am Fälligkeitstage zur Aushändigung seitens des letzteren bereit zu liegen. Der oft wiederkehrende Einwand, der Kassierer habe den Käufer nicht angetroffen, ist rechtlich unerheblich; der Käufer hat dafür Sorge zu tragen, daß der Geldbetrag der einzelnen Rate am Fälligkeitstage an einen Kassierer zur Auszahlung, eventuell durch einen Vertreter des Käufers, gelangt; ist dies unterlassen, so ist der Käufer mit Zahlung jener Rate in Verzug geraten; § 285 BGB.

γ) Der Zahltag, der hier (vgl. vorstehend unter α) stets ein kalendermäßig fest bestimmter Tag sein muß, ist ein solcher, wenn er durch eine Abrede, etwa stets am Monatsfünfzehnten oder Monatsersten, bestimmt wird.

Sind diese Tage Sonntage oder allgemeine Feiertage, dann ist stets der diesem Tage folgende Wochentag erst der Fälligkeitstag; § 193 BGB.

Die im Abzahlungsverkehr oft wiederkehrende ausdrückliche Abrede, an jedem Sonntag zu zahlen, macht diesen aber zum Fälligkeitstag; vgl. RG. JW. 1907, 705.

δ) Das Zahlungsbestimmungsrecht des Käufers, als Schuldners, regelt:

Mangels einer Abrede der § 366 BGB. Bei Raten, die z. B. mit je 10 Mark am 1. Januar, 1. Februar, 1. März, 1. April zu zahlen sind, kann daher der Schuldner, der zwei Raten nicht gezahlt, bestimmen, daß durch seine Zahlungen am 1. Februar und 1. April mit je 10 Mark die an diesen Tagen fälligen Raten getilgt sein sollen.

Die von Hoffmann-Wilke A. 5 § 4 und Lazarus S. 108 vertretene Ansicht, „in der Natur des Abzahlungsgeschäfts liege, daß der Schuldner die ältere Rate vor der jüngeren zu zahlen habe, und der Gläubiger deshalb als berechtigt zu erachten sei, eine Zahlung zurückzuweisen, wenn der Schuldner eine dem widersprechende Art der Verrechnung verlange", ist der uneingeschränkten Fassung des § 366 a. a. O. gegenüber ohne jede Begründung; s. das Nähere A. 15 § 4.

Eine Vertragsabrede, sie möge im ursprünglichen Vertrage oder nachträglich, selbst nur stillschweigend (RG. 66, 54) getroffen sein, setzt dagegen die Gesetzesvorschrift des § 366 BGB. außer Anwendung. Eine vertragsmäßige Festsetzung des Inhalts, daß Zahlungen stets auf etwa rückständige ältere Raten verrechnet werden, entzieht daher dem Käufer das Recht, die Zahlungen als auf bestimmte jüngere Raten geleistet zu bezeichnen.

Eine Zahlung, die einer solchen Abrede zuwider ausdrücklich auf jüngere Raten gemacht wird, muß aber seitens des Verkäufers unter dem ausdrücklichen Vorbehalte vertragsmäßiger Verrechnung entgegengenommen werden. Ist dieser Vorbehalt unterblieben, dann bewirkt der alte Rechtssatz qui tacet cum loqui debuit et potuit (vgl. ROHG. 15, 96; 22, 130; RGU. vom 10. Februar 1898 SächsArch. 8, 45) die Annahme stillschweigender Genehmigung der Zahlungsbestimmung des Käufers.

Ist insbesondere eine Zahlung unter vertragswidriger Bestimmung für eine jüngere Rate durch die Post geleistet, so muß der Verkäufer „unverzüglich", also ohne schuldhaftes Zögern (§ 121 BGB.) den Vorbehalt vertragsmäßiger Verrechnung erklären.

Eine verspätete Vorbehaltserklärung bewirkt hier, wo (ausnahmsweise) das Schweigen eine stillschweigende Zustimmung enthält, und daher die Vorschrift des § 150 BGB. nicht anwendbar ist, die Zahlungsleistung der Bestimmung des Käufers gemäß, dies ist im Falle des § 4 Abs. 2 des RGes. von besonderer Bedeutung.

Ist von dem Abzahlungsverkäufer nur ein Teil seiner Abzahlungskaufforderung eingeklagt, und leistet der Abzahlungskäufer hierauf eine Zahlung, so hat der Abzahlungsverkäufer jene Zahlung auf die eingeklagte Forderungssumme zu verrechnen.

Auf den nicht eingeklagten Teil seiner Forderung darf der Abzahlungsverkäufer jene Zahlung nur mit Zustimmung des Abzahlungskäufers verrechnen (RG. 66, 266).

d) **Die Art der Übergabe** der verkauften Sachen zum Zwecke des Erwerbes, die mit der Teilzahlungsabrede die wesentlichen Bestandteile des Abzahlungsgeschäfts ausmacht, erfordert hier die Verschaffung „des Gewahrsams". Dies spricht die Begründung klar aus und setzt der Inhalt der Gesetzesparagraphen voraus.

Der Ersatz der körperlichen Übergabe durch sog. constitutum possessorium aus § 930 BGB. oder Abtretung des Herausgabeanspruchs aus § 931 a. a. O. ist daher hier ausgeschlossen.

Ein Abzahlungsvertrag ohne gleichzeitige Verschaffung des Gewahrsams einer veräußerten Sache unterliegt daher nicht den Bestimmungen des Reichsgesetzes vom 16. Mai 1894, ist vielmehr ein gewöhnlicher Kreditkauf und als solcher von den einschränkenden Bestimmungen des Reichsgesetzes befreit.

e) **Die Gegenstände** des Abzahlungsgeschäfts können stets nur bewegliche Sachen sein, deren körperliche Übergabe möglich.

Sachgesamtheiten, also eine Mehrheit von Sachen, die zusammen einem wirtschaftlichen Zweck dienen, und um deswillen verkehrsüblich mit einer einheitlichen Bezeichnung versehen werden, wie eine Bibliothek oder ein Warenlager, sind als „Rechtseinheit" wie sonst so auch hier nicht Gegenstand des Abzahlungsgeschäfts, dasselbe betrifft vielmehr die einzelnen Gegenstände, die als solche einzeln zu übergeben sind, wie sie einzeln verkauft sind; vgl. RG. 53, 220, auch 67, 385.

Rechtsgesamtheiten, also eine wirtschaftliche Einheit von Sachen und Rechten, wie ein Handelsgeschäft, eine Erbschaft, sind nicht bewegliche Sache, mithin (§ 90 BGB.) nicht körperliche Gegenstände, an denen „Gewahrsam" dem Käufer verschaffbar; eine Rechtsgesamtheit kann daher niemals Gegenstand eines Abzahlungsgeschäfts sein.

In der Gerichtspraxis war dies mitunter zweifelhaft gewesen. Nach der Entscheidung in der Rechtsprechung der Oberlandesgerichte (vgl. Bd. 24 S. 325):

„das Sondergesetz vom 16. Mai 1894 findet auf den Verkauf eines Handelsgeschäfts im ganzen keine Anwendung",

die eine schlüssige Widerlegung nicht gestatten, dürfte die vorerwähnte Darlegung nicht zu bezweifeln sein.

Die tatsächlichen Verhältnisse vermögensrechtlicher Natur, wie eine Kundschaft, sind nicht bewegliche Sachen, an denen ein Gewahrsam möglich und scheiden schon deshalb aus dem Kreise der Abzahlungsgegenstände aus.

f) **Die Mängel der übergebenen Sache** begründen bei den im § 1 gedachten Abzahlungsgeschäften unerhüllter Art, also in der Rechtsform des Kaufs oder Werkvertrags über Anfertigung vertretbarer Sachen, deren Stoff der Veräußerer als Unternehmer beschafft (§ 651 BGB.), Rechte des Käufers aus §§ 459 ff. BGB.

Der Abzahlungskäufer ist daher berechtigt:

α) Wandlung zu verlangen; diese vollzieht sich ausschließlich unter den Voraussetzungen der §§ 346—348, 350—354, 467 BGB.

Sind von mehreren verkauften Abzahlungssachen nur einzelne mangelhaft, so kann nur rücksichtlich dieser vom Abzahlungskäufer Wandlung gemäß § 469 BGB. verlangt werden, wenn nicht die Sachen als ein zusammenhängendes Ganzes verkauft worden sind, in welchem Falle die Wandlung aber rücksichtlich aller Sachen zulässig ist.

Wird nur rücksichtlich einzelner Sachen gewandelt, so ist der Abzahlungspreis rücksichtlich der vom Abzahlungskäufer zu behaltenden Sache gemäß § 471 BGB. zu bestimmen.

Hörle Beiträge 55, 188 hält die vorstehend erwähnte Teilwandlung für unzulässig, anscheinend infolge Verwechslung des Rücktrittsrechts des Abzahlungsverkäufers aus §§ 1, 2 (s. darüber S. 15) mit dem Wandlungsrecht des Abzahlungskäufers.

β) das Preisminderungsrecht aus §§ 462, 472 BGB. anstatt der Wandlung ist ferner auch hier dem Käufer gestattet, nicht minder ist

γ) der Schadenersatzanspruch aus § 463 BGB. dem Käufer gewährt beim Mangel einer zugesicherten Sache oder bei arglistiger Verschweigung eines Fehlers; endlich kann

δ) Schadenersatz sowohl neben der Wandlung, wie der Minderung nach allgemeinem Grundsatze wegen schuldhafter Erfüllung des Vertrages vom Käufer gefordert werden; RG. 53, 202;

ε) die Nachbesserung kann der Käufer verlangen, sofern er Schadenersatz (vorstehend γ) wegen schuldhafter Erfüllung erfordern kann.

Der Verkäufer hat aber kein Recht, die Nachbesserung zu fordern und dadurch die Ansprüche zu α—δ des Käufers zu beseitigen;

Nur in Fällen, wo es sich um leicht ausführbare unbedeutende Mängel handelt, zu deren Beseitigung der Abzahlungsverkäufer sich erbietet, muß der Abzahlungskäufer die Nachbesserung gestatten; die Ablehnung einer solchen würde, wie das Reichsgericht annimmt, „gegen Treu und Glauben im Verkehr oder gegen § 226 BGB. (Schikaneverbot) verstoßen".

Andererseits kann der Abzahlungsverkäufer nicht — wie vielfach angenommen wird — eine wiederholte Nachbesserung verlangen. Es genügt, daß ihm zur Vornahme derselben Gelegenheit geboten ist. Vgl. RG. 61, 92; 87, 335; s. auch S. 13 unter k.

ζ) die Lieferung anderer mangelfreier Sachen kann der Käufer nur beim Verkauf von Gattungssachen (z. B. 10 Ztr. Sohlleder) erfordern; § 480 BGB.;

Der Abzahlungsverkäufer kann Gestattung der Rücknahme fehlerhafter Gattungssachen gegen Umtausch fehlerfreier nur ausnahmsweise unter denselben vorstehend unter ε aufgeführten Umständen erfordern, unter denen er bei Lieferung mangelhafter nicht Gattungssachen, deren Nachbesserung vornehmen darf; vgl. auch RG. 91, 110.

η) das unverhüllte Abzahlungsgeschäft in der Form des Werkvertrags über Anfertigung nicht vertretbarer Sachen (§ 651 Abs. 1 letzter Satz BGB.) berechtigt und verpflichtet den Käufer in erster Linie nur Beseitigung des Mangels an Stelle der Wandlung und Minderung nach Maßgabe des § 634 BGB., zu fordern und gibt hiernach diese Rechte erst in zweiter Linie.

Die Schadenersatzansprüche des Käufers (vorstehend unter γ, δ) sind aber auch hier neben dem Mängelbeseitigungsrecht dem Käufer gewährt;

ϑ) die Frage der Zahlungspflicht des Abzahlungskäufers bei vorhandenen Mängeln der Sachen ist in der Praxis besonders streitig und für die Frage des Rücktrittsrechts des Verkäufers (S. 15 unter k) von Bedeutung:

αα) Der Käufer, der bei einem Kauf oder Werkvertrag über Lieferung vertretbarer Sachen (§ 651 BGB. die Sachen trotz ihres Mangels behält, also nicht wandelt, hat Ansprüche auf Minderung oder Schadenersatz. Diese Ansprüche berechtigen zu einer Aufrechnung in Höhe ihrer Summen, und insoweit diese geschieht, ist die Zahlungspflicht beseitigt; vgl. § 388 und (!) § 389 BGB.

Erweist sich aber in dem Prozesse das Nichtvorhandensein von Mängeln und damit der Aufrechnungsansprüche des Abzahlungskäufers, dann kann (vgl. S. 5 und 8) der letztere schuldhaft die fälligen Preisraten nicht bezahlt haben, und damit können dann die Ansprüche des Verkäufers aus solcher Nichtzahlung, insbesondere das Rücktrittsrecht begründet sein.

ββ) Der Käufer bei einem Werkvertrag über Lieferung nicht vertretbarer Sachen (§ 651 BGB.) ist bei Mängeln der Sachen anspruchsberechtigt auf Nachbesserung (§ 634 BGB.) und daher berechtigt, bis diese geschehen, die Preiszahlung zu verweigern.

Ist die Nachbesserung innerhalb der gemäß § 634 a. a. O. zu stellenden Frist unterblieben, und der Käufer nunmehr zur Wandlung, Minderung oder Schadenersatz berechtigt, so gilt rücksichtlich seiner Zahlungspflicht das vorstehend unter αα Dargelegte.

ι) Die Abrede zur unbedingten Zahlung der einzelnen Teilraten auch beim Vorhandensein von Mängeln der übergebenen Sachen ist ganz zweifellos nichtig, sofern dem Verkäufer bekannt, daß die auf Abzahlung verkauften Sachen zum notwendigsten Gebrauch seitens des Käufers bestimmt sind, ein solcher aber infolge der Mängel ausgeschlossen ist.

In diesem Falle verstößt jene Abrede gegen § 138 BGB., vgl. auch RG. 63, 390 und JW. 10, 142.

Jene Abrede ist aber auch, wenn jener Tatbestand des § 138 BGB. nicht vorliegt, nichtig; s. hierüber Anm. k S. 13.

Im übrigen ist nur jene Abrede, nicht infolge derselben der ganze Vertrag nichtig; § 139 BGB. und S. 32.

In einem solchen Fall wird aber der Käufer — wenn er ein Rücktrittsrecht des Verkäufers wegen Nichtzahlung unbedingt ausschließen will — gut tun, statt der Zahlung der fälligen Kaufraten, diese gemäß § 372 BGB. zu hinterlegen.

Über vertragsmäßige Beschränkung der prozessualen Rechte des Käufers s. Anm. k S. 13, 14.

κ) Die Mängelanzeige muß, wie bei jedem gewöhnlichen Kauf dem Verkäufer zugehen; § 130 BGB.

Ist der Abzahlungskäufer ein Kaufmann, der nicht im Handelsregister eingetragen ist (s. § 8 d. Ges.), so muß die Mängelanzeige nach Maßgabe des § 377 Handelsgesetzbuchs erfolgen.

An Stelle des Verkäufers und mit Rechtsverbindlichkeit für diesen kann die Anzeige auch an Handlungsreisende erfolgen; § 66 HGB.

Kassierer sind nicht Handlungsreisende im Sinne des § 55 HGB. und zur Entgegennahme von Mängelanzeigen ohne ausdrückliche Vollmacht nicht ermächtigt.

Die von einem Kassierer aber entgegengenommene und dem Verkäufer übermittelte Mängelanzeige ist rechtsbeständig; der Kassierer ist in einem solchen Falle Bote des Käufers gewesen.

λ) Die Verjährung der Ansprüche aus Mängeln untersteht auch hier den Vorschriften der §§ 477, 478 BGB., s. S. 12.

g) **Der Rücktritt des Käufers** aus Anlaß eines Sachmangels richtet sich ganz nach den Vorschriften der §§ 465—467 BGB.

Der § 467 BGB. entscheidet daher hier die Streitfrage der Praxis. Zuständig zur Entscheidung auf die Wandlungsklage des Käufers ist nicht das Gericht des Erfüllungsorts, den der Abzahlungsvertrag bezeichnet, sondern gemäß § 29 ZPO. das Gericht des Ortes, an dem sich die Sachen dem Vertrage gemäß befinden, mithin regelmäßig das Gericht des Wohnorts des Abzahlungskäufers; vgl. auch RG. 55, 110.

Der Käufer hat die Sache nicht zurückzubringen, sondern der Verkäufer hat sie zurückzuholen und Zug um Zug gegen Empfang der Sache die gezahlten Kaufgeldraten zurückzuzahlen.

Die Summe der Kaufgeldraten ist mit 4% Zinsen seit Empfang vom Verkäufer zurückzuzahlen. Die Stempelkosten, die der Käufer gezahlt, sind ihm vom Verkäufer zu erstatten.

Ein Ersatzanspruch wegen Benutzung der Sachen ist dem Verkäufer nur nach Maßgabe des § 346 BGB. gewährt.

Hat die Benutzung der Sache zu einer unwesentlichen Verschlechterung infolge Verschuldens des Käufers geführt, so ist dieser schadenersatzpflichtig.

Eine Benutzung der Sachen, die „eine wesentliche Verschlechterung" der Sachen bewirkt, schließt die Wandlung gemäß § 351 BGB. aus; ob eine solche Verschlechterung vorliegt, ist Tatfrage des Einzelfalles.

Der Gebrauch von Wäschestücken wird daher den Rücktritt regelmäßig ausschließen, der unbedeutende Gebrauch von Möbeln der sog. guten Stube den Rücktritt regelmäßig gestatten (s. auch das folgende unter h).

Die Unmöglichkeit der Rückgabe der Sachen schließt das Rücktrittsrecht des Käufers nicht aus. Der Käufer ist aber bei einer, durch sein Verschulden verursachten, Unmöglichkeit der Rückgabe nicht rücktrittsberechtigt und sogar schadenersatzpflichtig; §§ 347, 348, 350, 351 BGB.

Die Form des Rücktritts des Käufers ist die der formlosen, aber empfangsbedürftigen Erklärung gegenüber dem Verkäufer, die diesem mithin zugehen muß.

Der Rücktritt ist hier die Wandlung aus § 462 BGB., und als solche gemäß § 465, der hier den § 349 ändert, zurücknehmbar und durch den Minderungsanspruch ersetzbar, solange der Verkäufer sich mit dem Rücktritt nicht einverstanden erklärt hat.

Die bereits erhobene Wandlungsklage kann daher, solange der Verkäufer den Rücktritt nicht angenommen, noch in die Minderungsklage geändert werden; die bezügliche Klageänderung ist gemäß § 264 ZPO. unbedenklich zulässig; vgl. BGB. der RGR. Anm. 2 § 465.

h) **Die Rechte des Käufers auf Wandlung und Minderung sind ausgeschlossen:**

bei Annahme der Kaufsachen, obschon der Käufer den Mangel kennt; grob fahrlässiges Nichtkennen ist aber dem Kennen nicht gleichstehend; § 464 BGB.

Das Wandlungsrecht geht aber nachträglich trotz des Vorbehalts wieder verloren, wenn die Sachen in Benutzung genommen, „die auf den Willen, sich dieselben zuzueignen, schließen läßt".

Dieser Umstand wird bei Abzahlungskäufen von ganz unentbehrlichen Sachen behufs schneller Einrichtung einer kleinen Wirtschaft in einer oder zwei Stuben schwer feststellbar sein; entscheidend ist hier, ob die Aufbewahrung der Sachen dem Käufer unter den vorgedachten Umständen außerhalb der Wohnräume ohne gleichzeitige Benutzung unmöglich ist, oder ob die Benutzung der Sachen durch anderweitige Umstände entschuldigt wird. JW. 09, 685.

Die Erhebung des Minderungsanspruchs wird durch die Benutzung der bemängelten Sachen nicht ausgeschlossen.

i) **Die Verjährung der Ansprüche des Käufers** auf Wandlung und Minderung ist auch hier den Vorschriften der §§ 477—479 BGB. unterstellt; sie tritt sonach ein 6 Monate nach Ablieferung; also nach körperlicher Übergabe der Sachen; und zwar — was gerade Abzahlungskäufer fortgesetzt übersehen — ohne Rücksicht auf den Zeitpunkt der Entdeckung des Mangels.

Andererseits braucht der Abzahlungskäufer nicht auf Rücknahme der Sachen oder Preisminderung derselben sofort zu klagen.

Ist die Anzeige des Mangels innerhalb jener sechsmonatigen Frist dem Abzahlungsverkäufer übersandt, so kann, wenn dieser die Preisraten einklagt, die Zahlung verweigert werden. Ganz bzw. bei Preisminderung in Höhe derselben. § 478.

In der Praxis wird aber wie in der Literatur (vgl. Hein, S. 107) übersehen, daß eine Unterbrechung der Verjährung der vorerwähnten Ansprüche nach Maßgabe des § 208 BGB. auch hier möglich ist.

Eine solche Unterbrechung liegt vor, wenn auf eine Mängelrüge des Abzahlungskäufers der Abzahlungsverkäufer eine Nachbesserung, es sei im Falle des § 651 Abs. 1 letzter Halbsatz oder beim einfachen Kauf auf Grund besonderer Abrede vornimmt oder auch nur verspricht. Beide Akte enthalten im Sinne des § 208 a. a. O. eine Anerkennung des Anspruchs des Käufers.

Die Verjährung der Schadenersatzansprüche des Abzahlungskäufers, die S. 9 unter γ und δ und S. 11 unter λ erwähnt, verjähren — von einer sofort zu erwähnenden Ausnahme abgesehen — gleichfalls in 6 Monaten nach der Ablieferung der Abzahlungssachen, wie die Rechtsprechung jetzt mit zwei (allerdings nicht voll begründeten) Entscheidungen des Reichsgerichts Bd. 53, S. 200, Bd. 56, S. 166 annimmt.

Ist die Anzeige wegen eines Mangels der Abzahlungssachen aber innerhalb 6 Monaten nach ihrer Ablieferung dem Abzahlungsverkäufer gemacht, so kann, wenn dieser trotzdem Kaufpreisbeträge einklagt, dagegen mit dem Anspruch auf Schadensersatz seitens des Abzahlungskäufers aufgerechnet werden. § 479 BGB.

Der Schadensersatzanspruch, der dem Abzahlungskäufer bei Ablieferung von Abzahlungssachen unter arglistiger Verschweigung ihrer Mängel seitens des Abzahlungsverkäufers zusteht, verjährt aber gem. § 195 BGB. ohne Anzeige erst in 30 Jahren; vgl. RG. 66, 86.

k) **Eine vertragsmäßige Beschränkung** des Abzahlungskäufers in der prozessualen Geltendmachung der Mängelansprüche wird in der Praxis (vgl. Hein, S. 107) vielfach durch eine Abrede des Inhalts festgestellt:

„Wegen angeblicher Minderwertigkeit oder Schadhaftigkeit der Waren darf Käufer die Zahlung nicht einstellen, seine diesbezüglichen vermeintlichen Ansprüche hat er auf besonderem Klagewege zu verfolgen."

Eine solche Abrede betrifft zwei Arten der Käuferansprüche: nämlich materiell- und prozeßrechtliche:

materiellrechtlich: will sie den Abzahlungskäufer zur unbedingten Zahlung der einzelnen fällig werdenden Preisraten, ungeachtet vorhandener Mängel, verpflichten, so daß die Nichtzahlung das Rücktrittsrecht des Verkäufers auf Grund des § 1 und § 2 des RG. begründen soll;

prozeßrechtlich: will jene Abrede im Rechtsstreit über die Klage des Verkäufers, sei es auf Zahlung oder Rücktritt, dem Käufer die Erhebung jeder Einrede auf Grund vorhandener Mängel verwehren und ihn zur Erhebung einer besonderen Klage zwingen.

Jene Abrede ist rechtsunverbindlich.

α) In materieller Richtung wird schon inhaltlich:

der Wandlungsanspruch nicht ausgeschlossen. Mit diesem begehrt der Käufer Aufhebung des ganzen Abzahlungsvertrages; wird dieser urteilsmäßig festgestellt, so ist damit ein Rücktrittsrecht des Verkäufers auf Grund des — nunmehr aufgehobenen — Vertrags beseitigt.

Der Minderungsanspruch wird:

ganz unbedenklich durch jene Abrede nicht beseitigt, sofern der Käufer den Minderungsanspruch als einen allgemeinen Vertragsschadenersatzanspruch (oben S. 9 unter d) erhebt, weil der Verkäufer vorsätzlich mangelhafte Sachen geliefert. In diesem Falle enthält jene Abrede eine Erlassung der Haftung wegen Vorsatzes, die gemäß § 276 Abs. 2 BGB. ungültig ist, wie die Begründung bestätigt.

Jene Abrede ist aber auch dort rechtsunverbindlich, wo der Minderungsanspruch des Käufers sich nur auf § 459 BGB. stützt. Eine Abrede, die von vornherein ohne Rücksicht darauf, ob auch die für den unentbehrlichen Gebrauch erworbenen Sachen brauchbar oder unbrauchbar sind, den regelmäßig schwachen Käufer zu Zahlungen verpflichtet, die nur in Rücksicht auf die Gebrauchsmöglichkeit der Sachen versprochen, enthält insoweit im Sinne der Gesetzesbegründung „eine für die Ausbeutung zu weiten Spielraum lassende Abrede", die als solche gemäß § 138 BGB. nichtig ist.

β) In prozessualer Richtung ist jene Abrede, die den Rechtsstreit über die Klage zu einem nichtstreitigen gestalten will, gleichfalls in den Fällen zu α unverbindlich, weil der prozessuale Einrede-Verzichtvertrag mit dem materiellrechtlichen unbedingten Zahlungsvertrag verbunden, deshalb wie dieser nichtig ist. § 139 BGB.

l) Die **laesio enormis**, also ein Rücktrittsrecht des Käufers, weil er als Kaufpreis mehr als das Doppelte des wahren Sachwerts versprochen, hat das BGB. beseitigt; ein solches Rücktrittsrecht ist daher auch einem Abzahlungskäufer nicht gegeben.

Die Tatsache, daß der Kaufpreis den wahren Sachwert um das Doppelte übersteigt, kann aber hier zu einem Tatbestandsteil des Wuchereinwands aus § 138 Abs. 2 BGB. werden.

Dieser Tatbestand des § 138 Abs. 2 kann dort insbesondere gegeben sein, wo plötzlich eingetretene Geburts-, Krankheits- und Sterbefälle armen Käufern die Notwendigkeit sofortiger Beschaffung eines einzelnen Gegenstandes auferlegen.

5. S. vorstehende Anm. 4 unter d) S. 8.

6. S. vorstehende Anm. 4 unter e) S. 8.

7. **Die außer der Zahlungspflicht dem Käufer auferlegten Verpflichtungen** betreffen nach dem Inhalt vieler Abzahlungsverträge:

α) die Verpflichtung, die Pfändung der übergebenen Sachen durch Dritte unverzüglich dem Abzahlungsverkäufer anzuzeigen; eine solche Verpflichtung besteht schon gesetzlich auf Grund des § 347 BGB.; vgl. S. 12.

β) die Verpflichtung, die Sachen gegen Untergang oder Beschädigung zu versichern;

γ) die Verpflichtung, die Sachen sorgfältig zu benutzen;

δ) die Verpflichtung, eine Wohnsitz- oder Wohnungsverlegung sofort anzuzeigen;

ε) die Verpflichtung, dem Abzahlungsverkäufer jederzeit den Zutritt in die Wohnung des Käufers zu gestatten;

ζ) sowie die Verpflichtungen ähnlicher Art.

Das Rücktrittsrecht vom Vertrage, das für den Abzahlungsverkäufer im Falle der Verletzung solcher Nebenverpflichtung verabredet wird, hat in erster Linie zur Voraussetzung, daß wie die Verletzung der Zahlungspflicht (oben S. 5) auch jene Nebenverpflichtungen seitens des Käufers schuldhaft nicht erfüllt sind.

Im Einzelfalle, insbesondere dort, wo die übliche Vertragsfestsetzung ganz allgemein ein Rücktrittsrecht an die Nichterfüllung aller festgesetzten Verpflichtungen knüpft, kann aber die Verletzung einer der genannten Verpflichtungen ein Rücktrittsrecht des Verkäufers noch nicht begründen.

Es ergibt sich dies aus der allgemeinen Rechtsregel des § 320 Abs. 2 BGB. in Verbindung mit § 242 BGB. „Entscheidend ist gegebenenfalls die Schwere und Tragweite der Vertragsverletzung" vgl. RG. 68, 22. So wird die unangezeigt gebliebene Wohnungsverlegung zahlungsfähiger Käufer, deren neue Wohnung durch Angabe im Adreßbuch oder Rückfrage bei der Polizeiverwaltung sofort zu ermitteln ist, regelmäßig rechtsunerheblich, insbesondere für die Rücktrittsbefugnis des Verkäufers sein. Das gleiche hat für den Fall zu gelten, wo die Benutzung der Sachen zu Beschädigungen führt, die fast vollständig beseitigt werden können. Die Verpflichtung unter β ist richtiger Ansicht nach überhaupt rechtsungültig. Hierüber s. S. 62, 63.

8. **Das Rücktrittsrecht des Verkäufers.**

a) Die Voraussetzung des Rücktrittsrechts ist Nichterfüllung der dem Käufer obliegenden Verpflichtungen. Die vorstehenden Darlegungen über die Pünktlichkeit, Möglichkeit, Unmöglichkeit, Entbehrlichkeit, Ort der Zahlungen des Käufers (S. 4, 5), über den Zahltag, das Zahlungsbestimmungsrecht des Käufers (S. 6, 7), über die Zahlungspflicht des Käufers bei Sachmängeln (S. 10) enthalten zugleich die einzelnen Voraussetzungsmomente des Rücktrittsrechts des Verkäufers.

Das Rücktrittsrecht kann von dem Abzahlungsverkäufer nur rücksichtlich des ganzen Abzahlvertrages, also nur rücksichtlich aller Abzahlsachen ausgeübt werden.

Der Abzahlungsverkäufer ist nicht berechtigt nur rücksichtlich einzelner Abzahlungssachen vom Abzahlungsvertrag zurückzutreten, betreffs der anderen im Abzahlungsvertrag verkauften Sachen es bei dem Vertrag zu belassen und somit rücksichtlich dieser Sachen weitere Zahlung der für letztere festgesetzten Preisraten zu fordern wie mitunter in der Praxis unzulässigerweise geschehen.

Der Abzahlungsvertrag ist nach den Vorschriften der §§ 1, 2, wie Hörle Beiträge 55, 188 mit Recht betont „ein unteilbarer Vertrag".

b) Die Form des Rücktrittsrechts ergibt sich aus § 349 BGB.

Der Rücktritt ist danach eine formlose, empfangsbedürftige Willenserklärung gegenüber dem Käufer, die somit einer Annahme durch den letzteren nicht bedarf.

Die einen Rücktrittsanspruch verfolgende Klage spricht die Rücktrittserklärung implizite aus; vgl. RG. 71, 277. Und ebenso kann die Rücktrittserklärung auch im Rechtsstreitverlauf dem Käufer wie seinem Prozeßbevollmächtigten gegenüber abgegeben werden. Der entscheidende Zeitpunkt ist dann derjenige der Zustellung des die Rücktrittserklärung enthaltenden Schriftsatzes oder des Vortrags in der mündlichen Verhandlung. Vgl. RG. 71, 277; 50, 138. Keidel Anm. zu § 349, Staudinger Anm. zu § 349.

In der Praxis ist öfters übersehen worden, daß, falls mehrere Abzahlungskäufer, z. B. Ehegatten, gekauft, der Rücktritt gemäß § 356 BGB. nur gegen alle Abzahlungskäufer ausübbar ist, wie er auch bei mehreren Abzahlungsverkäufern nur von allen erklärbar ist.

c) Das Wesen der Rücktrittsrechtserklärung ist bestimmend für die durch die Erklärung des letzteren geschaffene Rechtslage.

Die Rücktrittserklärung ist, wie soeben erwähnt, von der Annahme seitens des Abzahlungskäufers unabhängig, trotzdem seitens des Abzahlungsverkäufers (anders beim Rücktritt des Käufers aus § 459, § 465 BGB.) unwiderruflich. Motive 2, 280; Prot. 6, 153: vgl. auch BGB. der RGR. Anm. § 349.

Die Rücktrittserklärung hat aber nicht dingliche, sondern nur obligatorische Wirkung zwischen den Parteien (s. auch Staudinger Vorm. A. III 3 zu § 346 BGB.), als solche bewirkt sie zwischen den Parteien die Aufhebung des Abzahlungsgeschäfts ex tunc (d. h. Aufhebung des Abzahlungsbetrages „von Anfang an") und damit hier unter den Einschränkungen des § 2 des RGes., einen Rückgewähranspruch des Verkäufers auf Rückgabe der übergebenen Sachen und einen Anspruch auf Entrichtung der Vergütungen des § 2 des RGes., die der Verkäufer von der Summe der erhaltenen Preisraten kürzen kann, auf deren Rückgewähr der Käufer infolge jenes Rücktritts Anspruch hat. Hieraus ergibt sich:

d) Ein Verzicht auf den erklärten Rücktritt ist, da dieser unwiderruflich nicht möglich. Es bedarf vielmehr nach Erklärung eines Rücktritts des „Neuabschlusses" des Abzahlungsvertrags durch eine wechselseitige bezügliche Einwilligung zwischen Abzahlungsverkäufer und Abzahlungskäufer.

Eine solche wechselseitige Einwilligung kann aber auch stillschweigend zustande kommen und liegt vor, wenn der Käufer nach erklärtem Rücktritt des Verkäufers nicht nur die bis zum Rücktritt fällig gewesenen, sondern auch nach diesem fällig gewordene Raten zahlt und der Verkäufer diese annimmt.

Die Annahme solcher Ratenzahlungen beseitigt indem sie den bisherigen Abzahlungsvertrag neu entstehen läßt, die Wirkung der Rücktrittserklärung auch beim Vorliegen einer üblichen Vertragsbestimmung:

„Zahlungen werden stets nur unter Vorbehalt aller Rechte vom Verkäufer angenommen."

Eine solche Vertragsbestimmung tätigt noch keinen gültigen Rücktrittsvorbehalt; ein Rücktritt ist vielmehr in jenem Falle nach Analogie des § 360 BGB. ausgeschlossen, wenn der Verkäufer es unterlassen auf Grund jener Vertragsabrede „in angemessener Frist den Rücktritt zu erklären", denn jene Vertragsbestimmung darf „nicht zu einem für den anderen Teil besonders lästigen Schwebezustand führen" (vgl. RGR. BGB. Anm. I zu § 360). Hier, gegenüber einem Abzahlungskäufer, verstößt aber jene Vertragsbestimmung ohne weiteres gegen §§ 1 und 2 des RGes., da sie im Falle der Aufrechterhaltung des Rücktritts dem Verkäufer außer den zurückzugebenden Sachen und den Vergütungen des § 2 noch die Ratenbeträge nach der Rücktrittserklärung zuwenden will, mithin ein Plus über die Beträge des § 2.

Die Ratenzahlung und Annahme derselben nach Zustellung einer Klage, die den Rücktritt des Verkäufers enthält, beseitigen den letzteren noch zweifelsfreier, sofern die gezahlten und angenommenen Raten nach der Rücktrittserklärung fällig geworden.

Auch hier ist eine oft übliche Vertragsbestimmung:

„Zahlungen nach Anstrengung der Klage und nach Erlaß des Urteils werden nur unter Vorbehalt aller Rechte angenommen und quittiert"

aus den vorerwähnten Gründen gegen die §§ 1 und 2 des RGes. verstoßend und daher nichtig.

Das gleiche gilt von

Ratenzahlung und Annahme nach Erlaß des Urteils, auch im Falle der soeben erwähnten Vertragsabrede. Vgl. RG. 72, 171.

Der Abzahlungskäufer ist in diesem Falle berechtigt, die Einrede, daß durch Zahlung und Annahme der nach Rücktrittserklärung fällig gewordenen Raten der Rücktritt beseitigt sei, gemäß § 767 ZPO. durch die sog. Vollstreckungsgegenklage geltend zu machen.

e) **Ein Unwirksamwerden eines Rücktritts** erfolgt aber — was in der Praxis, namentlich während der ersten Kriegsjahre, fortgesetzt übersehen wurde — auf Grund des § 354 BGB., der klar bestimmt:

„Kommt der Berechtigte (vorliegend also der Abzahlungsverkäufer) mit der Rückgewähr des empfangenen Gegenstands (vorliegend also trotz Angebots der Rückgabe der Abzahlungssachen durch den Abzahlungskäufer mit der Rückzahlung der vom Abzahlungskäufer gezahlten Kaufpreisraten abzüglich der dem Abzahlungsverkäufer nach § 2 zustehenden Beträge) in Verzug, so kann ihm der andere Teil (vorliegend der Abzahlungskäufer) eine angemessene Frist mit der Erklärung bestimmen, daß er die Annahme (der Rückzahlung der vorgedachten bereits gezahlten Ratenbeträge) nach dem Ablaufe der Frist ablehne. Der Rücktritt wird unwirksam, wenn nicht die Rückgewähr vor dem Ablaufe der Frist erfolgt."

Die Folge des „Unwirksamwerdens des Rücktritts" ist dann sonach, daß der Abzahlungsvertrag „wieder in Kraft tritt" (vgl. BGB. der RGR. Anm. 1 zu § 355

f) **Die Verbindung der Klage auf Zahlung fälliger Raten mit der Rücktrittsklage auf Herausgabe der Sachen ist:**

zweifellos unzulässig und hat deshalb die Abweisung der Klage als unbegründet zur Folge, wenn nach dem Klageantrage die Wahl zwischen Zahlung oder Rücktritt dem Abzahlungsverkäufer freistehen soll, es sei uneingeschränkt oder unter der Voraussetzung, daß der Käufer zur Zahlung der eingeklagten Raten „unvermögend" ist, denn die Rücktrittserklärung muß wie die Kündigung bestimmt sein und darf daher weder bedingt noch eventuell erklärt werden; vgl. Planck, Bem. 1 zu § 349, Staudinger, A. zu § 349 BGB.

Streitig ist die Zulässigkeit eines Klageantrags auf Zahlung fälliger Raten oder „nach Wahl" des beklagten Abzahlungskäufers auf Herausgabe der übergebenen Sachen (vgl. Hein, S. 125).

Ist der Klagezustellung bereits eine den Rücktritt vom Vertrage aussprechende Erklärung des Verkäufers dem Käufer gegenüber vorausgegangen, so ist damit die Aufhebung des Abzahlungsgeschäfts unwiderruflich (vorstehend unter c) erfolgt.

, Der Zahlungsanspruch ist daher als unbegründet abzuweisen, der Herausgabeanspruch aber begründet.

Ist eine Rücktrittserklärung des Abzahlungsverkäufers vor Klagezustellung nicht abgegeben, so erachtet die Praxis vielfach einen Klageantrag auf Zahlung oder Herausgabe der Sachen nach Wahl des Beklagten als Abzahlungskäufers zwar für zulässig.

Anscheinend liegt dieser Auffassung der Praxis die von Staudinger, A. § 349, Kisch (Unmöglichkeit), S. 137, Seligsohn in den Bl. f. Rechtspfl. 1912 S. 2, vertretene Rechtsansicht zugrunde, welche die Verknüpfung einer Rücktrittserklärung mit einer Bedingung für zulässig erachtet, „deren Erfüllung rein vom Willen des Schuldners abhängt".

Diese Rechtsansicht ist aber ohne gesetzliche Unterlage; wie die Kündigungserklärung hat auch die Rücktrittserklärung ihrem Wesenszwecke gemäß einen bestimmten, sogleich zweifelsfreien Rechtszustand zu schaffen.

Die gleiche Rechtsansicht wird jetzt vertreten von Boeme, Juristische Wochenschrift 1914 S. 578, in einer Entscheidung des Landgericht I Berlin vom 2. Dez. 1910 abgedruckt in der Zeitschrift für Rechtsanwalts- und Notariatsbürobeamte; in dem Kommentar der Reichsgerichtsräte zum BGB. Vorbemerkung 5 zu § 157.

Ferner ist die gleiche Ansicht auch in einem Urteil des Landgericht I Berlin, mitgeteilt in den Bl. f. Rechtspfl., vertreten, welches strikt ausführt:

„Erfüllung und Rücktritt können nicht nebeneinander oder nacheinander geltend gemacht werden.

Mit dem Entstehen des Herausgabeanspruchs erlischt der Anspruch auf Zahlung der Restschuld, die ja das Bestehen des Vertrages voraussetzt."

Die Zwangsvollstreckung aus einem nach der vorerwähnten Ansicht unzulässigen Urteil auf Zahlung von Ratensummen oder Herausgabe der Sachen nach Wahl des Schuldners untersteht aber jedenfalls den Vorschriften der §§ 263, 264 BGB.

Hieraus ergibt sich:

Die auf Antrag des Abzahlungsverkäufers behufs Beitreibung der zugesprochenen Ratensumme erfolgte Pfändung nimmt dem Abzahlungskäufer noch nicht das Recht, die Herausgabe der Sachen vorzunehmen und damit jene Pfändung rechtsunwirksam zu machen. Der Verkäufer hat mit der Pfändung die gewählte Zahlungsleistung noch „nicht ganz oder zum Teil empfangen".

Eine der Pfändung folgende Zahlung oder Versteigerung rücksichtlich der im Urteil zugesprochenen Ratensumme beseitigt aber jede Berechtigung des Verkäufers, anstatt der Zahlung die Herausgabe der Sachen aus § 264 BGB. zu fordern, und zwar auch dann, wenn jene Zahlung die zugesprochene Ratensumme nur zum Teil tilgt. Es ergibt sich dies aus § 263 Abs. 2 BGB. und §§ 1 und 2 des RGes. Vgl. vorstehend unter d, auch Hein, S. 121.

Eine trotzdem auf Herausgabe der Sachen gerichtete Zwangsvollstreckung kann vom Abzahlungskäufer mit dem Rechtsbehelf des § 767 ZPO. angefochten werden.

g) **Eine Frist** zur Ausübung des Rücktritts ist weder in dem Reichsgesetz bestimmt, noch aus dem Bürgerlichen Gesetzbuch entnehmbar.

Der Abzahlungskäufer kann aber dem Abzahlungsverkäufer aus § 355 BGB. zur Ausübung des Rücktritts eine angemessene Frist setzen; wird innerhalb dieser Frist der Rücktritt nicht erklärt, so erlischt das Rücktrittsrecht.

Der eingetretene Rückstand der Teilzahlung, der das erloschene Rücktrittsrecht aus § 1 begründet hat, bleibt aber für die Anwendung des § 4 Abs. 2 des RGes. von Bedeutung.

Eine Rücktrittserklärung ist schließlich ausgeschlossen — und zwar ohne jede vorherige Fristsetzung, wenn der Abzahlungsverkäufer „innerhalb einer angemessenen Frist" den Rücktritt nicht erklärt bzw. eine die Rücktrittserklärung enthaltende Klage nicht erhoben hat. Vgl. RG. bei Warn. 1913 Nr. 223 und Komm. d. RGR. Anm. 1 zu § 361.

Im übrigen s. S. 33 u. f.

9. Die dem Verkäufer und Käufer durch § 1 auferlegte Verpflichtung der Zurückgewährung der empfangenen Leistungen erweitert nur für den Käufer der § 2 durch die fernere Verpflichtung zum Ersatz der in diesem § 2 gedachten Beiträge. Für die Verpflichtung des Verkäufers wie Käufers bestimmt endlich der § 3 des RGes., daß sie Zug um Zug zu erfüllen sind; s. das Nähere in der Anm. S. 68 u. f.

Der Ort, der Gegenstand und der Umfang der Zurückgewährungspflicht werden bestimmt durch das Wesen des Rücktrittsrechts des Abzahlungsverkäufers aus § 1.

Die Erklärung des Rücktritts bewirkt (da die Vereinbarung des Rücktritts nicht die Abrede einer auflösenden Bedingung enthält) die Aufhebung des Abzahlungsgeschäftes ex tunc (d. h. von Anfang an, oben S. 16, andererseits nicht mit dinglicher Wirkung, sondern nur mit persönlicher Wirkung zwischen den Parteien. An Stelle des Abzahlungsvertrags tritt infolge des Rücktritts der parteiseitige Anspruch auf Wiederherstellung des früheren Zustands durch Rückgewährung des Geleisteten. Soweit dieser Rückgewähranspruch unmöglich geworden, so kann insoweit ein Ersatzanspruch — aber gegen den Käufer nur in der Begrenzung des § 2 — eintreten. Das Nähere S. 33 u. f. Selbstverständlich ist hier auch nur ein Anspruch wegen ungerechtfertigter Bereicherung aus § 812 BGB. gegeben. (BGB. der RGR. A. 3 § 346.)

Sind also z. B. infolge Einbruchs bei dem gegen Einbruch versicherten Abzahlungskäufer die Abzahlungssachen nicht zurückgebbar, so hat der Abzahlungskäufer eine von ihm empfangene Einbruchsversicherungssumme dem Abzahlungsverkäufer zu gewähren, soweit jene noch nicht gezahlt, seinen Versicherungsanspruch abzutreten.

Streitig ist hier nun gewesen und trotz 2 Reichsgerichtsentscheidungen geblieben:

a) **der Ort, an dem die Zurückgewährung** seitens des Abzahlungskäufers zu erfolgen hat.

Planck, Bem. 1 zu § 348 (und seine Ausführungen billigt Staudinger, A. 8, § 346) führt aus:

„Aus § 346 darf nicht gefolgert werden, daß der zur Rückgewähr Verpflichtete die Sache auf seine Kosten an den Ort zurückzubringen hat, an welchem der andere Teil sie ihm übergeben hat. Denn die Rückgewährpflicht begreift schon nach dem Wortlaut des § 346 nur solche Handlungen in sich, durch welche der Rückgewährende sich der Sache entäußert und zugleich den anderen Teil in die Lage versetzt, darüber zu verfügen. Diesem Erfordernisse wird aber durch die Rückgewähr an dem Orte genügt, in welchem sie sich dem Vertrage gemäß befindet."

Die Ausführung trägt dem Zwecke des Rücktritts, das ganze Abzahlungsgeschäft ex tunc derart zu tilgen, als wäre das Geschäft überhaupt nicht geschlossen worden, nicht voll Rechnung. Ohne den Abschluß des Geschäfts wäre der Abzahlungsverkäufer im Besitz der verkauften Waren geblieben; dieser Besitz ist daher vom Abzahlungskäufer wiederherzustellen. Der letztere hat daher die ihm übergebenen Sachen dem Abzahlungsverkäufer zu übersenden.

Dies ist für die Zwangsvollstreckungsinstanz und deren Kosten von Bedeutung; wäre die Planckſche Ansicht zutreffend, so könnte ein den Käufer auf Grund des Rücktritts des Verkäufers aus § 1 zur Herausgabe verurteilendes Urteil vom Gerichtsvollzieher nur dann auf Kosten des Käufers vollstreckt werden, wenn dieser vorher die Wegnahme der Sachen auf Grund des Urteils dem Verkäufer abgelehnt hätte; wäre dies noch nicht geschehen, dann würde — nach der Planckschen Ansicht — der Käufer zu der sofortigen Wegnahme der Sachen durch den Gerichtsvollzieher noch keinen Anlaß bieten, und die Vollstreckungskosten müßten deshalb in jenem Falle von dem Abzahlungsverkäufer zu tragen sein.

Das Reichsgericht nimmt in den Entscheidungen Bd. 55 S. 113 und Bd. 57 S. 15 an, daß die Sachen dort zurückzugewähren sind, „wo sich die Sachen zur Zeit des Rücktritts befinden".

Als Erfüllungsort der Rückgewährpflicht des Käufers wird vielmehr dessen Wohnsitz z. Z. des Kaufvertragsabschlusses durch § 269 BGB. bestimmt.

Der für die Erfüllung aus dem Abzahlungsgeschäft in diesem für die Käuferverpflichtungen vereinbarte Ort oder Gerichtsstand ist somit nicht für die Rückgewährverpflichtungen maßgebend; vgl. auch Staudinger A. 11 § 455 und Rechtsprechung der Oberlandesgerichte 7, 25.

Selbstverständlich kann aber für den Fall des Rücktritts des Verkäufers und die Erfüllung der anläßlich desselben dem Käufer obliegenden Verpflichtungen ein Erfüllungsort bzw. Gerichtsstand vereinbart werden.

b) **Der Ort der Geldleistung** des Abzahlungsverkäufers, soweit er eine solche nach Abzug der Ersatzbeträge des § 2 zu machen hat, wird durch die Vorschriften der §§ 269, 270 BGB. bestimmt. Das Nähere s. S. 58.

Der Geldbetrag ist vom Verkäufer nicht zu verzinsen, wenn er auch andererseits für die Benutzung der zurückgegebenen Sachen durch den Käufer nach § 2 entschädigt wird. Das Nähere s. S. 59.

c) **Der Umfang** des Zurückgewährenden wird hier, von den Ersatzbeträgen des § 2 (s. S. 43 u. f.) abgesehen, beeinflußt durch die Vorschriften über den:

Gefahrübergang:

Das Abzahlungsgeschäft ohne Eigentumsvorbehalt rücksichtlich der Kaufsachen für den Verkäufer überträgt unbedingt und unstreitig die Gefahr dem Käufer.

Trotz des zufälligen Untergangs der Sachen ist deshalb deren Preis vom Käufer zu entrichten s. S. 43, aber auch S. 53!

Das Abzahlungsgeschäft mit Eigentumsvorbehalt läßt das Eigentum der Sachen, bis zum Eintritt der Bedingung des Eigentumsübergangs auf den Käufer, bei dem Verkäufer.

Das Moment der Übergabe, an das der § 446 den Gefahrübergang knüpft, ist hier, wo mit der Übergabe die gesetzliche Verpflichtung des Verkäufers zur Eigentumsverschaffung aus § 433 BGB. noch nicht erfüllt ist, einflußlos. Gl. A. Dernburg § 171 A. 11; Planck Bem. 2 zu § 455; a. M. Staudinger A. 8 § 455.

Der Staudingerschen Ansicht ist jetzt auch das Reichsgericht in der Entscheidung Bd. 85 S. 320 beigetreten. Die Frage ist aber trotzdem eine völlig streitige geblieben; vgl. Enneccerus-Kipp-Wolff. Lehrbuch des Bürgerlichen Rechts Bd. I 2 Anm. 1 zu § 341. Insbesondere ist die Entscheidung in der Rechtsprechung der Oberlandesgerichte Bd. 24 S. 321 dem vorerwähnten Reichsgerichtsurteil widersprechend.

Das Reichsgerichtsurteil Bd. 85 S. 320 steht aber auch mit den Ausführungen des Reichsgerichts Bd. 66 S. 349 und Bd. 85 S. 321 nicht im Einklange.

Aus der Rechtsausführung des letzteren entnimmt der Komm. der RGR. Anm. 6 zu § 459 mit Recht die Feststellung: Es folgen aus jener Entscheidung „nicht, daß der Verkäufer schon mit der vollzogenen bedingten Eigentumsverschaffung, nicht erst im Augenblick des Eigentumsübergangs vollständig erfüllt hat".

Ist dies aber zutreffend, dann ist der Abzahlungskäufer mit dem Augenblicke, in dem die Abzahlungssachen durch Zufall untergegangen, von jeder weiteren Ratenzahlung gemäß § 323 BGB. befreit. Die bereits gezahlten Raten kann er abzüglich des bis zum Untergang der Sachen gemäß § 2 zu berechnenden Gebrauchs- und Benützungsentgelts zurückfordern und zwar aus § 323, Abs. 1, § 346 BGB. s. S. 53 u. f., auch S. 61, 62!

Die Rückgewähransprüche der Vertragsparteien beeinflußt somit:

d) **Der Eigentumsvorbehalt insbesondere**, der deshalb hier zu erörtern ist.

α) Die Entstehungsumstände können sein:

Der Abschluß eines unbedingten, eine Sachübereignung bezweckenden obligatorischen Kaufvertrages, mit dem ein bedingter dinglicher Vertrag verbunden ist, der den Eigentumserwerb mit dem Eintritt der Bedingung jenes bedingten Realvertrages bezweckt. Diese Bedingung ist die Zahlung des ganzen Kaufpreises.

Allein auch der obligatorische Vertrag kann bedingt sein, wie der mit ihm verbundene dingliche Vertrag; auch in diesem Falle liegt im Sinne des Reichsgesetzes ein Abzahlungsgeschäft vor.

Mit dem Abschluß des Kaufvertrages als eines bedingten ist. ohne ausdrückliche Erwähnung, auch der mit ihm verbundene dingliche Vertrag als bedingt vereinbart anzusehen.

β) Der Inhalt des Eigentumsvorbehalts und seine Wirkung auf den Eigentumserwerb besteht in der unter der aufschiebenden Bedingung der Vollzahlung des Kaufpreises vorgenommenen Eigentumsübereignung des § 929 BGB.

Ein aufschiebend bedingter Eigentumsübergang vollzieht sich somit, der mit Eintritt der Suspensivbedingung ohne weiteres zum unbedingten Eigentumsübergang sich wandelt.

Dies kann nach § 455, § 158 BGB. — der auch für den dinglichen Vertrag gilt — keinem Zweifel unterliegen.

Diese Ansicht vertritt auch das Reichsgericht in der Entsch. RG. 66, 349, mit der die Entsch. RG. 64, 204 und 334 in unlöslichem, aber auch unlogischem Widerspruch steht.

Die Voraussetzungen des § 929 BGB.: Übergabe und Willenseinigung sind aufschiebend bedingt bereits mit der Erklärung des Eigentumsvorbehalts und Übergabe der Sachen getätigt und mit Eintritt der Bedingung sofort unbedingt geworden. Es ist daher unrichtig, wenn in der Entsch. RG. 64, 206/207 ausgeführt wird: „Der Wille des Eigentümers, Eigentum zu übertragen, muß in dem Moment vorhanden sein, in dem die Bedingung eintritt. Vorher findet nach dem Vertrag die Eigentumsübertragung überhaupt nicht statt. Der dingliche Vertrag wird erst dann geschlossen, wenn die Bedingung eintritt. Bis zu diesem Zeitpunkt besteht auch seine obligatorische Verpflichtung, Eigentum zu verschaffen, aus dem Kaufvertrage als eine noch unerfüllte fort."

Die vorstehend vertretene Ansicht ist auch im BGB. der RGR. A 5 § 455 vertreten. Siehe auch die Bemerkung unter e S. 26.

γ) Die Folgen des bedingten Eigentumsübergangs im Falle eines Eigentumsvorbehalts sind:

a) Den Besitz der zu bedingtem Eigentum übertragenen Sachen hat der Käufer als unmittelbarer, der Verkäufer als mittelbarer Besitzer (§ 868 BGB., RG. 59, 298).

Ein sog. entfernterer mittelbarer Besitz entsteht, wenn der Verkäufer mit einem Dritten in eines der im § 868 BGB. gedachten Verhältnisse tritt und auf Grund desselben dem Dritten zur Herausgabe der Sachen sich verpflichtet; § 871 BGB.

Der Verkäufer wird zur unmittelbaren Besitzeinräumung dem Dritten gegenüber verpflichtet, sobald der Käufer den unmittelbaren Besitz verloren hat oder dessen Einräumung nicht mehr fordern kann.

b) Eine Benutzung der zu bedingtem Eigentum übergebenen Sachen steht dem Käufer nicht zu, wird aber regelmäßig nach dem Inhalt des Abzahlungsvertrages als stillschweigend vereinbart zu gelten haben.

c) Ein Eigentums- oder Pfandrechtserwerb Dritter aber ist an Sachen, die unter Eigentumsvorbehalt dem Käufer übergeben, durch einen mit diesem abgeschlossenen dinglichen Vertrag möglich, und zwar unter den Voraussetzungen des § 161 Abs. 3, § 932, § 1207 BGB., also auf Grund gutgläubigen Erwerbs.

Die Voraussetzung des „Abhandenkommens" im § 935 a. a. O., und somit der Ausschluß gutgläubigen Rechtserwerbs Dritter, ist nicht gegeben, wenn der Käufer über die Sachen unter Verschweigung des Eigentumsvorbehalts verfügt hat. „Abhandenkommen" im Sinne des § 935 bedeutet stets nur einen Besitzverlust des unmittelbaren Besitzers ohne seinen Willen; vgl. auch RG. 54, 68, aber auch Falkmann-Mugdan 15, 356 und RG. 71, 248.

Der Antrag der Eigentumsklage des Abzahlungsverkäufers gegen nicht gutgläubige Erwerber kann auf Rückgabe der Sachen an ihn gestellt sein.

Auch in den Fällen, wo trotz der Veräußerung der Sachen der Abzahlungsvertrag und somit das Recht auf den Besitz des Abzahlungskäufers an den Sachen bestehen bleibt, kann diese Tatsache der beklagte Dritte der Rechte an Abzahlungssachen noch nicht erworben, nicht geltend machen, die bezügliche Einrede wäre eine exceptio ex jure tertii.

d) Dem Vermieterpfandrecht unterliegen die unter Eigentumsvorbehalt übergebenen Sachen nicht (§ 559 BGB.).

Ist aber neben das gesetzliche Pfandrecht ein vertragsmäßig bestelltes Pfandrecht an solchen Sachen getreten, so ist dieses — selbstverständlich vorausgesetzt, daß dem Vermieter die Sachen auch gemäß § 1265 übergeben sind — an jenen Sachen rechtsbeständig, wenn der Vermieter gutgläubig den Pfandvertrag geschlossen hat.

e) Eine Pfändung von Eigentumsvorbehaltssachen berechtigt den Verkäufer zur Widerspruchsklage aus § 771 ZPO.

Diese ist prozessual zulässig, so lange der Gerichtsvollzieher den Versteigerungserlös für jene Sachen noch nicht erhalten hat; JW. 97, 530 (s. auch das nachfolgende unter f).

f) Ein Versteigerungserlös aus versteigerten Eigentumsvorbehaltssachen, den ein Gläubiger des Abzahlungskäufers erhalten, ist von dem Abzahlungsverkäufer aus § 812 BGB. rückforderbar.

Der § 812 gewährt den Bereicherungsanspruch nicht als sog. subsidiären, derselbe besteht auch dort, wo dem Berechtigten gegen einen anderen ein Ersatzanspruch zusteht; vgl. RG. 48, 139.

Der durch den Versteigerungserlös bereicherte Dritte kann daher dem aus § 812 klagenden Abzahlungsverkäufer gegenüber nicht einwenden, daß er aus § 2 des RGes. gegen den Abzahlungskäufer Ersatzansprüche hat; ebensowenig kann der Dritte, falls dem Abzahlungskäufer Ansprüche gegen den Abzahlungsverkäufer zustehen, mit diesem aufrechnen; eine solche Aufrechnungseinrede wäre eine exceptio ex jure tertii.

Die frühere Streitfrage, ob dem Bereicherungsanspruch des Abzahlungsverkäufers gegen den dritten Gläubiger des Abzahlungskäufers, der den Versteigerungserlös erhalten, § 819 (einst § 720) ZPO. entgegensteht; ob nämlich nach diesem § 819 der Dritte nur „Zahlung" seitens seines Schuldners, des „Käufers", erhalten und diese daher nicht „ohne rechtlichen Grund" erhalten (Hausmann S. 61), ist nach der Vorschrift des § 816 BGB. beseitigt (vgl. auch JW. 97, 530); es ist jetzt nicht mehr zweifelhaft, daß der § 819 ZPO. nur das Rechtsverhältnis zwischen dem Gläubiger und dem Schuldner in der Zwangsvollstreckungsinstanz betrifft und in dieser gegen Dritte nur insoweit von rechtlicher Wirkung ist, als Anschlußpfändungen nach Empfang des Versteigerungserlöses durch den Gerichtsvollzieher nicht mehr zulässig sind; vgl. RG. 40, 291; 56, 84 (s. auch die vorstehende Bemerkung e).

g) Die Tatsache der Pfändung und Versteigerung der Vorbehaltssachen kann im Verhältnis zwischen Abzahlungsverkäufer und Abzahlungskäufer sich unter verschiedener Rechtslage vollziehen und daher von verschiedener Rechtswirkung sein:

Die hier entstehenden Rechtsfragen haben zunächst die Rechtstatsache gemeinsam: das Abzahlungsgeschäft begründet die Verpflichtung des Käufers mit Rücksicht auf das jenem Geschäft eigentümliche (S. 3 u. § 455 BGB.) Rücktrittsrecht des Verkäufers, diesem von einer Pfändung behufs Wahrung seiner Eigentumsrechte unverzüglich Nachricht zu geben.

Jene Verpflichtung des Käufers — auch wenn sie somit nicht ausdrücklich vertraglich festgestellt ist — beruht „auf dem Rechtsgedanken", der dem § 347 BGB. zugrunde liegt: „daß derjenige, der eine Leistung in dem Bewußtsein annimmt, er werde sie infolge des ihm oder dem anderen Teil zustehenden Rücktrittsrechtes eintretendenfalls zurückgewähren müssen, sein Verhalten so einzurichten hat, daß er dieser Verpflichtung demnächst auch gehörig genügen kann"; vgl. BGB. d. RGR. A. 1 § 347.

Hieraus ergibt sich:

aa) Das Unterlassen der Benachrichtigung von der Pfändung seitens des Käufers enthält im Sinne des § 1 des RGes. die Nichterfüllung einer Käuferverpflichtung, die den Verkäufer zum Rücktritt von dem Abzahlungsvertrag nach §§ 1 und 2 a. a. O. berechtigt.

Hat der Verkäufer von anderer Seite die Pfändung erfahren, aber die Erhebung der Widerspruchsklage unterlassen, so verliert er trotzdem nicht jenes Rücktrittsrecht, das ja mit dem Unterlassen der Pfändungsnachricht bereits entstanden.

ββ) Die Benachrichtigung von der Pfändung durch den Käufer, dessenungeachtet aber das Unterlassen der Erhebung der Widerspruchsklage auf seiten des Verkäufers (etwa weil die Sachen schon bald ganz bezahlt sind), gibt dem Verkäufer aus Anlaß der Versteigerung noch kein Rücktrittsrecht aus §§ 1 u. 2 des RGes. Die Voraussetzungen desselben liegen ja nicht vor.

Dagegen kann der Verkäufer in jenem Falle den Käufer zum Vertragsrücktritt berechtigen und diesem sogar aus § 325 BGB. schadenersatzpflichtig werden. Denn die dem Verkäufer obliegende Verpflichtung der Eigentumsverschaffung an den Käufer bei Vollzahlung des Kaufpreises ist ihm infolge eines Umstandes, den er zu vertreten hat, unmöglich geworden. Dies ist zweifellos der Fall, wenn der Käufer von der Nichterhebung der Widerspruchsklage ohne Kenntnis bleibt. Richtet sich aber eine Pfändung und Versteigerung der Abzahlungssachen gar nicht gegen den Käufer, so ist dieser gemäß § 771 ZPO. (vgl. Falkmann-Mugdan 4, 380) berechtigt, die Pfändung und Versteigerung zu beseitigen. Unterbleibt dies, so würde der Käufer gemäß § 254 BGB. gegen den untätig gebliebenen Verkäufer einen Rücktritt- oder Schadenersatzanspruch nicht haben.

γγ) Der Empfang des Versteigerungserlöses der gepfändeten und versteigerten Vorbehaltssachen durch den Verkäufer, es sei ohne und infolge Widerspruchsklage gegen den Pfandgläubiger des Käufers (vorstehend unter f S. 24), steht an sich nicht — wie Hausmann allerdings nur für das preußische Recht S. 65 annimmt — einer Ansichnahme der Sachen im Sinne des § 5 des RGes. (s. S. 78) gleich. Denn das Bürgerliche Gesetzbuch hat, wie die Motive III S. 29 zeigen, den allgemeinen Grundsatz des sog. Surrogationsprinzips nicht angenommen. Ist infolge eines Umstands, den der Käufer zu vertreten hat, die Versteigerung nicht verhindert worden, so bleibt jener zur Zahlung des noch ungedeckten Kaufpreises verpflichtet. Ist die Versteigerung infolge eines Umstands, den der Verkäufer zu vertreten hat, nicht verhindert worden, so wird der Käufer zum Rücktritt oder Schadensersatz berechtigt. § 325, § 346 BGB.

e) **Der nachträgliche Verzicht auf den Eigentumsvorbehalt** ist: unbedenklich zulässig beim Verkauf einer einzelnen Sache; bei dem Verkauf mehrerer Sachen nur, sofern er diese insgesamt betrifft.

In diesen Fällen enthält der Verzicht lediglich die Aufgabe eines dinglichen Rechts, und daher ist die bezügliche Willenserklärung einseitig statthaft und zu ihrer Rechtswirksamkeit nur der Kenntnisnahme, nicht auch der Annahme seitens des Käufers bedürftig; vgl. RG. 66, 344.

Unzulässig ist aber der einseitige Verzicht auf den Eigentumsvorbehalt an einzelnen von mehreren verkauften Sachen, wenn mit ihm die Bedingung verknüpft wird, daß von den bisher auf alle Sachen geleisteten Zahlungssummen diese ganz oder zum Teil nur auf die Sachen verrechnet werden, auf deren vorbehaltenes Eigentum verzichtet wird. Eine solche einseitige Verrechnung entbehrt auf Grund des § 366 BGB. der Rechtsgültigkeit. Ein solcher einseitiger Verzicht ist aber auch dann rechtsunbeständig, wenn er von vornherein im Abzahlungsvertrag vereinbart ist.

Die Vereinbarung findet sich, wie Hein S. 97 (der übrigens der hier vertretenen Ansicht nicht ist) erwähnt, in den einzelnen Abzahlungsverträgen dahin: „Verkäufer ist berechtigt, nach eigener Wahl Einzelgegenstände dem Käufer als sofortiges Eigentum zu überlassen und auf die dafür vereinbarten Preise die bisherigen Zahlungen zu verrechnen."

Ein mit solcher Maßgabe erklärter einseitiger Verzicht würde die Rechtsfolge haben, daß die auf sämtliche Sachen bisher vom Käufer rechtzeitig und vollvertragsmäßig geleisteten Zahlungen nachträglich durch einseitige Erklärung des Verkäufers, mithin willkürlich als nur auf die Sachen geleistet anzusehen wären, auf deren Eigentumsvorbehalt er verzichtet.

Es würde somit rücksichtlich der Sachen — deren Eigentumsvorbehalt nicht aufgegeben — willkürlich, künstlich und nachträglich ein Zahlungsrückstand geschaffen, der nach § 1. § 4 Abs. 2 des RGes. das Rücktrittsrecht des Verkäufers begründen soll.

Eine solche Vereinbarung in fraudem legis des § 1 ist aber nach dem letzten Satz des Abs. 1 jenes § 1 nichtig.

Dagegen kann durch beiderseitig vereinbarten Neuvertrag aus § 364 Abs. 2 BGB. nachträglich zwischen dem Käufer und Verkäufer natürlich vereinbart werden, daß das Eigentum an einzelnen von mehreren vereinzelten Sachen schon jetzt auf den Käufer übergeht, und dessen bisher geleistete Zahlungen ganz oder zum Teil nur auf einzelne Sachen verrechnet werden sollen. Selbstverständlich kann der Verkäufer dann nach einer solchen nachträglichen Vertragsabrede nicht geltend machen, daß infolge derselben auf die noch in seinem Eigentum verbliebenen Sachen nunmehr die sämtlichen fällig gewesenen Raten nicht gezahlt seien. Einem hierauf gestützten Rücktritts- oder Sachrückgabeanspruch würde natürlich die exceptio doli entgegenstehen.

f) **Die Beziehung der infolge des Eigentumsvorbehaltes dem Verkäufer zustehenden Eigentumsklage** zu dem obligatorischen Anspruch des letzteren auf die Preisraten wird durch den Zweck des Eigentumsvorbehalts bestimmt.

Der Eigentumsvorbehalt trotz Übertragung des Besitzes an den Kaufsachen auf den Käufer soll der Sicherung des Verkäufers für und bis zur Vollzahlung der einzelnen Preisraten dienen.

Der Eigentumsvorbehalt soll die Bestellung eines Pfandrechts an den Sachen ersetzen, das, da der Besitz derselben dem Käufer übertragen ist, gemäß § 1205 BGB. nicht bestellbar ist.

Der Verkäufer ist sonach nur fiduziarisch Eigentümer geblieben, „nach dem wirtschaftlichen Zwecke“ und dem beiderseitigen Parteiwillen soll er nur die materiellrechtliche Stellung eines Pfandgläubigers haben.

Daher hat der Verkäufer „nach außen die Stellung des Eigentümers, seinem Geschäftsgegener (dem Käufer) gegenüber ist er jedoch verpflichtet, sich so zu verhalten, als hätte er nur die Rechtsstellung eines Pfandgläubigers“ (vgl. BGB. d. RGR. Anm. 6, Vorbem. vor § 104, auch RG. 55, 391; 57, 177; 59, 146; 62, 129). Aber — und das ist entscheidend — der Verkäufer hat kraft seines Eigentumsvorbehalts dem Käufer gegenüber nur die Rechtsstellung eines Pfandgläubigers, so weit diese ohne den Besitz in Betracht kommt: vgl. auch O. Bähr, Kritische Vierteljahresschrift 1900, S. 371 ff.; Hein, S. 54 u. f.

Hieraus ergibt sich:

Unzweifelhaft ist die Eigentumsklage ausgeschlossen, so lange der Käufer seine Vertragspflichten erfüllt; in diesem Falle gewährt der Kaufvertrag dem Käufer das — als solches — ausreichende (RG. 51, 88) persönliche Recht zum Besitz.

Die Eigentumsklage nach erklärtem Rücktritt des Verkäufers aus § 1 des RGes. ist so lange undurchführbar, bis nicht der Verkäufer die dem Käufer aus §§ 1, 2 des RGes. zustehenden Ansprüche „Zug um Zug“ erfüllt; denn auch das Zurückbehaltungsrecht aus § 273 BGB. berechtigt, wenn auch nur aufschiebend, zum Besitz; vgl. BGB. d. RGR. Anm. 1 zu § 986.

Streitig und zweifelhaft ist die Frage: ob die Eigentumsklage die Herausgabe der dem Käufer übergebenen Sachen erreichen kann, wenn der obligatorische Anspruch des Verkäufers auf die Preisrestraten verjährt ist.

Das Landgericht Berlin I hat in einer in den Blätt. f. Rechtspfl. 1909, S. 10, abgedruckten Entscheidung jene Frage bejaht und zwar mit folgender Begründung: „Die vorliegende Klage ist als Eigentumsklage angestellt. Verjährt ist nach § 196 BGB. nur die Forderung auf den Kaufpreis, nicht aber das Eigentum. Dieses würde nach § 195 ebenda nach 30 Jahren verjähren. Ein Recht zum Besitz steht der Beklagten nicht zu. Da ausdrücklich das Eigentum der Verkäuferin vorbehalten ist bis zur Tilgung des gesamten Kaufpreises, so ist es die Absicht der Parteien gewesen, daß der Beklagten ein Recht zum Besitze nur dann zustehen sollte, wenn sie die ihr nach dem Kaufvertrage obliegenden Verpflichtungen wirklich erfüllte. Erfüllt hat sie indessen diese Pflichten nicht. Die eingetretene Verjährung stellt sich nicht als eine Erfüllung der Verpflichtungen der Beklagten dar. Der Kaufvertrag gibt der Beklagten hiernach ein Recht auf den Besitz des Buches nicht. Es steht der Beklagten auch kein Retentionsrecht zu. Nach § 273 BGB. ist gegenüber der Klage auf Herausgabe eines Gegenstandes ein Retentionsrecht nur dann gegeben, wenn dem Beklagten ein fälliger Anspruch wegen Verwendungen auf den Gegenstand oder wegen eines ihm durch diesen verursachten Schadens zusteht. Dies trifft hier nicht zu. Hiernach ist § 986 BGB., wie der erste Richter annimmt, hier nicht anwendbar. Die Beklagte muß vielmehr das streitige Buch herausgeben."

Dieser Entscheidung des Landgericht I Berlin gegenüber — die besonders die Berliner Gerichtspraxis bisher ganz erheblich beeinflußt — hat jetzt:

Das Landgericht Dresden in dem Urteil vom 25. Nov. 1925 3 DG. 426/25, abgedruckt in der JW. von 1926 S. 725 wie folgt entschieden: „Der im Rahmen eines Abzahlungsgeschäfts erfolgte Eigentumsvorbehalt soll nach dem offensichtlichen Willen der Parteien nur der Sicherung der Kaufpreisforderung des Verkäufers dienen, soll diesem also nicht die uneingeschränkte Rechtsstellung eines Eigentümers belassen. Seine Rechtsstellung soll vielmehr nur eine fiduziarische sein; sie soll der eines Pfandgläubigers gleichen ohne Rücksicht auf den Besitz. Haben die Parteien aber eine solche Rechtslage vereinbart, so kann unbedenklich im Wege der Vertragsauslegung folgendes als Vertragsinhalt festgestellt werden: An sich soll das Eigentum an den verkauften Sachen auf Grund des vereinbarten Kaufs auf den Käufer übergehen, der Eigentumsübergang soll aber trotz der Besitzübergabe an den Käufer zur Sicherung des Verkäufers solange hinausgeschoben werden, als letzterer noch berechtigte, also auch nicht verjährte Zahlungsansprüche habe. Mit der Verjährung des Anspruchs verliert der Eigentumsvorbehalt nach dem dahin auszulegenden Parteiwillen seinen Zweck und seine Wirksamkeit ebenso, wie wenn der Verkäufer die Forderung aus anderen Gründen, z. B. wegen seiner Befriedigung, nicht mehr geltend machen kann. Mit der Vollendung der Verjährung ist deshalb die Geltendmachung des Eigentumsanspruches ausgeschlossen. Die entsprechende Anwendung des § 223 BGB. kommt nicht in Betracht, weil die Klägerin nicht den unmittelbaren Besitz der Sache hat, den § 223 voraussetzt."

Dieser Entscheidung des Landgerichts Dresden ist beizutreten; sie billigt die nachfolgenden — bereits in der ersten Auflage des vorliegenden Kommentars vertretenen — Rechtsausführungen sowie die Darlegungen die Hein S. 52 gegenüber der vorerwähnten Berliner Entscheidungen ausführt.

Das Urteil des Landgerichts I Berlin ist erlassen, ohne die nach der Parteiabsicht geschaffene fiduziarische Stellung des Abzahlungsverkäufers als Eigentümer zu berücksichtigen und ohne daher zu würdigen, daß der Eigentumsvorbehalt „nach dem Kaufvertrage seinem Geschäftsgegner gegenüber" dem Verkäufer nur die Rechtsstellung geben soll, die ein Pfandgläubiger ohne Rücksicht auf den Besitz hat. Als in solcher vereinbarter Rechtslage befindlich soll der Verkäufer das durch den Eigentumsvorbehalt geschaffene formelle Eigentum nur so lange geltend machen, als von ihm eine durch dieses zu sichernde Kaufpreisforderung noch geltend gemacht werden kann.

Ist diese Geltendmachung infolge der Verjährungseinrede des Käufers ausgeschlossen, dann ist auch die Geltendmachung des dem Käufer gegenüber nur formellen Eigentums ausgeschlossen.

Denn dieses formelle Eigentum ist, wie erwähnt, nur ein fiduziarisches, materiell als ein Rechtsgebilde vereinbart, dem vertraglich nur die Rechtsbeziehungen innewohnen sollen, die das Pfandrecht, ohne Rücksicht auf den Besitz des Pfandgläubigers, gewährt.

Diese letztgedachte Beschränkung des normalen Pfandrechts gerade ist es, die — wie auch Hein zutreffend S. 56 ausführt — hier die analoge Berücksichtigung der Vorschrift des § 223 BGB. außer Betracht setzt, denn der Abzahlungsverkäufer hat eben nicht den unmittelbaren Besitz der Sachen, den der § 223 voraussetzt.

Wenn Prof. Dr. Oertmann (gewiß eine beachtliche Stimme) JW. 1926 S. 274/275, den Ausführungen des vorerwähnten Urteils des Landgerichts Dresden gegenüber geltend macht, daß jenem des § 223 Abs. 2 BGB. widersprechen, so ist übersehen, daß der Tatbestand des § 223 Abs. 2 hier nicht vorliegt. Der Abs. 2 § 223 wäre nur anwendbar, wenn der Abzahlungs*käufer* dem Abzahlungs*verkäufer* zur Sicherung der Kaufpreisforderung des letzteren Sachen überlassen hätte; und wenn, weil die Forderung des letzteren verjährt, jener Abzahlungskäufer „die Rückübertragung" jener Sache erforderte.

Da der Abzahlungskauf als solcher stets Ratenzahlungen des Preises „also wiederkehrende Leistungen" zur Voraussetzung hat, so rechtfertigt gerade § 223 Abs. 3 hier dessen analoge Anwendung und damit die vorstehenden und die Rechtsausführungen des Landgerichts Dresden.

Die Erhebung der formellen Eigentumsklage nach Verjährung des Kaufpreisratenanspruchs des Verkäufers ist somit nach dem Vertragswillen der Parteien als ausgeschlossen zu betrachten.

Eine Abtretung des Anspruchs aus dem Eigentumsvorbehalt seitens des Abzahlungsverkäufers ist nur mit der Abtretung des obligatorischen Anspruchs des Verkäufers aus dem Abzahlungsvertrag möglich.

Dies ergibt sich aus der analogen Anwendung des § 401 BGB. und der soeben dargelegten Vertragsnatur des Anspruchs aus dem Eigentumsvorbehalt in einem Abzahlungsvertrage als eines Vertragsanspruchs pfandrechtlichen Gehalts ohne Rücksicht auf den Besitz. Solange jener Anspruch besteht, bewirkt er aber:

g) *Der Abzahlungskäufer* darf die unter Eigentumsvorbehalt ihm überlassenen Abzahlungssachen nicht zu Eigentum einem Dritten übertragen; da er sonst eine Unterschlagung begeht.

Der Abzahlungskäufer ist aber berechtigt sein „selbständiges Anwartschaftsrecht" auf die Abzahlsachen weiter zu übertragen. Vgl. RG. 95, 106 und Komm. d. RGR. Anm. 3 zu § 455.

h) **Die Beseitigung des Eigentumsvorbehalts** durch Vollzahlung sämtlicher vereinbarter Abzahlungspreisraten, damit die Umwandlung des bisher aufschiebend bedingten Sacheigentums in eine unbedingtes für den Käufer, kann nicht nur durch diesen, sondern auch durch einen dritten Gläubiger des letzteren in der Zwangsvollstreckung geschehen.

Dies war früher streitig, wird jetzt in Praxis und Theorie bejaht, ist aber in den bezüglichen Einzelvoraussetzungen noch nicht völlig unstreitig.

Ein Dritter, der einen vollstreckbaren Titel gegen den Abzahlungskäufer hat, kann auf Grund desselben gegen den letzteren dessen bedingtes Anwartschaftsrecht auf Eigentumsübertragung an den Abzahlungssachen aus dem Abzahlungsvertrage pfänden und sich zur Einziehung überweisen lassen, und zwar aus § 847 ZPO.; dies ist unstreitig.

Mit dieser Pfändung und Überweisung ist, da infolge derselben ein Widerspruchsrecht des Abzahlungskäufers aus § 267 Abs. 2 BGB. beseitigt ist, der dritte Gläubiger des letzteren zur Leistung der noch unbezahlten Teilzahlungsraten an den Verkäufer berechtigt; auch wenn der Abzahlungskäufer widerspricht; auch dies ist unstreitig.

Mit dieser Zahlung ist für den Gläubiger des Käufers die Pfändung der Sachen des Abzahlungsvertrags zulässig; vgl. Blätt. f. Rechtspfl. 04, 38; Nußbaum in Blätt. f. Rechtspfl. 04, 53; Busch' Zeitschr. 01, 266; DJZ. 09, 375; Urteil des Kammergerichts XXIV ZS. v. 15. Juni 1916 in der Rechtsprechung der Oberlandesgerichte 26, 56; und über die Auskunftspflicht des Abzahlungsverkäufers Gaupp-Stein II zu § 836; DJZ. 07, 1384; vgl. auch insbesondere über die Auskunftspflicht des Abzahlungsverkäufers Blätt. f. Rechtspfl. 10, 28.

S t r e i t i g i s t a b e r i n d e r G e r i c h t s p r a x i s noch, ob zu dieser Pfändung und Überweisung des vorerwähnten Anwartschaftsrechts des Abzahlungskäufers stets noch die Pfändung der Abzahlungssachen hinzukommen muß. Letzteres ist aber zu bejahen; denn durch die Zahlung der Abzahlungspreis-Restraten durch den Gläubiger des Abzahlungskäufers an den Abzahlungsverkäufer, verwandelt sich das bisher bedingte Eigentum des A b z a h l u n g s k ä u f e r s an den Abzahlungssachen erst in ein unbedingtes; jener für den Abzahlungskäufer zahlende Gläubiger des letzteren wird durch seine Zahlung der rückständigen Abzahlungsraten nicht Eigentümer der Abzahlungssachen; um deswillen bedarf es daher zur Befriedigung des Gläubigers des Abzahlungskäufers aus dessen Abzahlungssachen noch der Pfändung derselben und ihrer Versteigerung. Dasselbe geht auch aus einem Urteil des Kammergerichts 8. Urt. 5397, 10, Bl. f. Rechtspfl. 1911 S. 96 hervor.

Streitig ist ferner, wie zu verfahren ist, wenn der Abzahlungsverkäufer eine vorerwähnte Zahlung des Gläubigers des Abzahlungskäufers ablehnt.

Das Kammergericht hat über diese Frage zwei sich widersprechende Entscheidungen gefällt.

In einem Urteil des 17. Senats vom 31. Mai 1911 17. U. III 40, 10 abgedruckt in den Bl. f. Rechtspfl. 1911 S. 95 wird ausgeführt, daß, falls der Abzahlungsverkäufer das Angebot der Restzahlung auf die Abzahlungssachen seitens eines Gläubigers des Abzahlungskäufers ablehnt, der Gläubiger die Restzahlungssummen hinterlegen muß: „erst die aus § 372 BGB. vollzogene Hinterlegung würde die Wirkung haben, daß die Zahlung als geleistet anzusehen und dadurch das Eigentum des Abzahlungsverkäufers an dem unter Eigentumsvorbehalt verkauften Abzahlsachen zum Erlöschen gebracht wäre."

In einem Urteil des 8. Senats vom 6. Mai 1911 8. U. 5397, 10 abgedruckt in den Bl. f. Rechtspfl. 1911 S. 96 wird das „Angebot des Gläubigers des Abzahlungskäufers" mit Rücksicht auf § 162 BGB. für ausreichend erachtet, um das bisher vorbehaltene Eigentum des Abzahlungsverkäufers an den Abzahlungssachen zum Erlöschen zu bringen und damit die Pfändung der letzteren zulässig zu machen. Die letztere Ansicht ist rechtskonsequent und daher zutreffend.

Bei einem Eigentumsvorbehalt des Abzahlungsverkäufers an den Abzahlungssachen ist an letzteren dem Abzahlungskäufer ein aufschiebend bedingtes Eigentum übertragen. Die Bedingung ist die Vollzahlung des Abzahlungspreises; verweigert der Abzahlungsverkäufer die Annahme des nur noch zum Teil restierenden Abzahlungspreises, wozu er nach § 267 Abs. 1 BGB. kein Recht hat, so hat der Abzahlungsverkäufer im Sinne des § 162 BGB. „den Eintritt der Bedingung" des Erlöschens seines Eigentums an den Abzahlungssachen (und damit des Eigentumserwerbs des Abzahlungskäufers) „wider Treu und Glauben verhindert und deshalb gilt jene Bedingung als eingetreten".

Die Pfändung der Abzahlungssachen, deren angebotenen Restpreis der Abzahlungsverkäufer anzunehmen verweigert, wird sonach unter den vorstehenden Bedingungen ohne weiteres zulässig.

Das Vorstehende gilt — wie hier vorweg bemerkt sei — auch bei den sog. Leihmöbeln, also beim Vorliegen eines sog. verhüllten Abzahlungsgeschäfts; vgl. S. 83 und die Anm. zu § 6.

h) Der Übergang der Gefahr rücksichtlich der unter Eigentumsvorbehalt übergebenen Sachen ist S. 22, 43, auch S. 61 besprochen.

10. Die Nichtigkeit der Vereinbarung, welche die gesetzliche Verpflichtung zur beiderseitigen Rückgewähr der empfangenen Leistungen (jedoch unter Kürzung der gesetzlichen Entschädigungssummen des § 2 zugunsten des Verkäufers) beschränkt oder gar aufhebt, ist von Amts wegen zu berücksichtigen, ein Verzicht auf die Geltendmachung der Nichtigkeit daher wirkungslos; vgl. RG. 61, 267.

Der Rücktrittsanspruch des Verkäufers ist, wie die Begründung zu § 1 zeigt, zwingend an die Bedingung „der Wiederherstellung des Zustandes vor Abschluß des Vertrags gebunden"; und zwar, wie das Reichsgesetz im § 3 es auch ausdrücklich bestimmt, an die Wiederherstellung des Zustands Zug um Zug bei Rückforderung der dem Käufer übergebenen Sachen.

Der Richter hat mithin von Amts wegen zu prüfen, ob diese Bedingungen des Rücktrittsanspruchs erfüllt sind, der Verkäufer mithin in der Klage nicht nur die Zug-um-Zug-Rückgabe der erhaltenen Leistungen zur Feststellung in dem Urteil anzubieten, sondern diese auch unter den gesetzlichen Kürzungen der Summen des § 2 (s. S. 35 u. f.) vollständig zu beziffern. Der § 1 des RGes. hat mithin für den Abzahlungsvertrag die Vorschrift des § 322 BGB. geändert.

In der Praxis wird gegen § 1 zit. oft verstoßen und durch Versäumnisurteil die Wiederherstellungsleistung des klagenden Verkäufers nach den Klageschriftangaben festgestellt, obschon diese nach §§ 1 und 2 des RGes. unzulässige Verkürzungen jener Leistung, z. B. durch Abrechnung sog. Rücktransportkosten, zugunsten des Verkäufers enthalten (s. das Nähere S. 35 u. f.).

Die Wirkung der Nichtigkeit einer gegen die §§ 1, 2 verstoßenden Abrede über die Rückgewährleistungen beschränkt sich auf die Nichtigkeit dieser Abreden.

Der übrige Teil des Abzahlungsvertrags bleibt nach der Fassung des letzten Satzes im Abs. 1 rechtsbeständig, der hier die Anwendung des § 139 BGB. ausschließt. An die Stelle der nichtigen Abreden treten einfach die gesetzlichen Bestimmungen des § 2 des RGes. und des § 346 BGB.

Das Nähere über den Umfang der zurückzugewährenden Leistungen und Vertragsstrafen S. 35 u. f. und 77.

11. Der Absatz 2 des § 1 hatte bei seiner, vor dem Inkrafttreten des Bürgerlichen Gesetzbuches erfolgten Schaffung, wie die Begründung erwähnt: „die in den Gebieten des französischen Rechts geltenden besonderen Bestimmungen im Auge, nach denen bei gegenseitigen Verträgen der eine Teil, wenn der andere seine Verpflichtung nicht erfüllt, das Recht hat, die Auflösung des Vertrags zu fordern (code civil Art. 1184, 1654, Badisches Landrecht Satz 1184, 1654.)"

Nach Inkrafttreten des Bürgerlichen Gesetzbuches und somit der Vorschrift des § 326 desselben gibt zunächst der Absatz 2 die zwingende Vorschrift: Ist in einem Abzahlungsvertrag ein Rücktrittsrecht des Verkäufers nicht vereinbart, so ist ein solcher gesetzlich nach § 326 BGB. zulässig (s. auch § 5 des RGes. und die Anm. zu diesem S. 81, aber unter den gesetzlichen Beschränkungen der §§ 1—6 des RGes.

Es ist mithin auch beim Fehlen eines vertraglichen Rücktrittsrechts eine Vereinbarung unzulässig, daß die erhaltenen Teilzahlungen nicht zurückzugeben sind (die sog. Verwirkungsklausel ist also unzulässig).

Im Falle der Ausübung des gesetzlichen Rücktrittes müssen vielmehr die beiderseitig empfangenen Leistungen nach Maßgabe der §§ 1, 2 Zug um Zug (vgl. A. 10 S. 32, 33 auch S. 70) zurückgewährt werden.

Gl. A. Lazarus S. 78. A. M. Hoffmann-Wilke A. 7 § 1. Hausmann (der freilich nur das preußische Recht noch berücksichtigt) A. 16 § 1.

Die vorstehende Ansicht steht auch mit der Begründung zu § 1 im Einklang, die nach Erwähnung des historischen Entstehungsanlasses des Abs. 2 ganz allgemein erwähnt: „daß die auf Grund des Gesetzes im Rechtswege oder sonst (!) erwirkte Auflösung des Vertrags der Ausübung des Rücktrittsrechts im Sinne des Abs. 1 gleichsteht, wird einer besonderen Hervorhebung nicht bedürfen.“

Hier ist aber zu unterscheiden zwischen dem gewöhnlichen Abzahlungsgeschäft, also dem mit Eigentumsvorbehalt (vgl. S. 2), und dem ungewöhnlichen Abzahlungsgeschäft ohne Eigentumsvorbehalt.

Für das *gewöhnliche Abzahlungsgeschäft* greift die Vorschrift des § 455 BGB. ein; nach dieser ist „im Zweifel“ (also wenn die Umstände nicht etwas anderes ergeben), anzunehmen, daß sich der Abzahlungsverkäufer ein vertragsmäßiges Rücktrittsrecht vorbehalten hat, auch wenn er dies nicht ausdrücklich erklärt hat.

Für das *ungewöhnliche Abzahlungsgeschäft*, wo also ein Eigentumsvorbehalt nicht gemacht ist, bestimmt hier aber der § 454 BGB.: „Hat der Verkäufer den Vertrag erfüllt, (das hat der Abzahlungsverkäufer getan, wenn er das Eigentum der Abzahlungssachen sofort dem Abzahlungskäufer übertragen hat) und den Kaufpreis gestundet, so steht ihm (mangels Abrede) das im § 325 Abs. 2 und im § 326 bestimmte Rücktrittsrecht nicht zu.“

Das gesetzliche Rücktrittsrecht des Verkäufers ist *im übrigen beschränkter als das vertragsmäßig vereinbarte.*

Das letztere kann zur Voraussetzung die Nichterfüllung aller im Vertrage dem Käufer auferlegten Verpflichtungen (s. aber S. 15) haben. *Das gesetzliche Rücktrittsrecht* ist an die Voraussetzungen des § 326 BGB. gebunden.

Insbesondere kann nur die Nichterfüllung einer Hauptverbindlichkeit des Käufers, also nur die Nichtzahlung der einzelnen Preisraten das gesetzliche Rücktrittsrecht begründen; vgl. RG. 69, 103.

Selbstverständlich ist die Ausübung des gesetzlichen Rücktrittsrechts auch hier an eine vorherige Fristbestimmung zur Bewirkung der Leistung seitens des Käufers gemäß Abs. 1 des § 326 gebunden.

Die gesetzliche Rücktrittserklärung hat zu erfolgen wie die vertragsmäßige:

durch eine ausdrückliche empfangsbedürftige Erklärung gegenüber dem Käufer;

oder stillschweigend nach § 5 durch Wiederansichnahme der unter Eigentumsvorbehalt veräußerten Sachen.

Über das gesetzliche Rücktrittsrecht des Käufers s. S. 9.

§ 2.

Der Käufer hat im Falle des Rücktritts dem Verkäufer[1]) für die infolge des Vertrages gemachten Aufwendungen[2]), sowie für solche Beschädigungen der Sache[3]) Ersatz zu leisten, welche durch ein Verschulden[3b]) des Käufers oder durch einen sonstigen von ihm zu vertretenden Umstand[3c]) verursacht sind. Für die Überlassung des Gebrauchs oder der Benutzung ist deren Wert[4a—c]) zu vergüten, wobei auf die inzwischen eingetretene Wertminderung der Sache Rücksicht[4d—k]) zu nehmen ist[5]). Eine entgegenstehende[6, 7]) Vereinbarung, insbesondere die vor[8]) Ausübung des Rücktrittsrechts erfolgte vertragsmäßige Festsetzung einer höheren Vergütung, ist nichtig[6]).

Auf die Festsetzung der Höhe der Vergütung finden die Vorschriften des § 260 Absatz 1 (jetzt § 287) der Zivilprozeßordnung entsprechende Anwendung[9]).

1. *Der leitende Gesichtspunkt*, unter dem der § 1 im Falle des Rücktritts des Verkäufers wegen Nichterfüllung der Verpflichtungen des Käufers die beiderseitige Verpflichtung zur Rückgewährung der empfangenen Leistungen feststellt, der § 2 diese Verpflichtung konkret ausführt, indem drei Erstattungsansprüche des Verkäufers (wegen Vertragsaufwendungen, Beschädigungen und Gebrauchs oder Benutzung) festgestellt werden, ist in der Literatur teils streitig, teils nur unzureichend angedeutet.

Die Ausführung Hausmanns S. 71: „Für den Fall des Rücktritts ist im wesentlichen unter den Parteien nichts anderes bedungen gewesen, als ein Mietsvertrag", findet weder im Reichsgesetz selbst noch in seiner Begründung eine Stütze.

Die sehr sorgsam auf die stenographischen Berichte eingehende Darstellung Lazarus S. 80—87 scheint (Zeile 5 von unten S. 85—86 Abs. 1) als hier entscheidenden Gesichtspunkt den des gesetzlichen Schadens, bei dem „sogar entgangener Gewinn in Betracht kommt", anzunehmen.

Drei vom Gesetzgeber miteinander verbundene Ausgangspunkte ergeben hier den richtigen Gesichtspunkt und bestimmen diesen zugleich dahin: die §§ 1 und 2 behandeln die beiderseitige Rückgewährungspflicht betreffs der empfangenen Leistungen:

Im allgemeinen: wie die Rückgewährungspflicht im Falle vertragsmäßigen Rücktritts aus § 346 BGB.

Abweichend von der einfachen vertragsmäßigen Rückgewährungspflicht im § 346 BGB. ist aber die Rückgewährungspflicht in §§ 1 und 2 des RGes. eine infolge Verschuldens des Käufers entstandene.

Trotzdem wird neben dem Rückgewährungsanspruch, wie der Kommissionsbericht S. 980 klar und zwingend ergibt, kein allgemeiner Schadenersatzanspruch, daher auch nicht ein Anspruch „auf den üblichen oder entgangenen Gewinn" gewährt;

lediglich tritt vielmehr zu dem Rückgewährungsanspruch des Verkäufers ein Ersatzanspruch wegen Vertragsaufwendungen, Sachbeschädigung und Sachgebrauchs und -benutzung; nur durch die Zubilligung dieser 3 Ersatzansprüche trägt das Reichsgesetz dem Umstand Rechnung, daß das Rücktrittsrecht des Abzahlungsverkäufers im § 1 auf einem Verschulden des Abzahlungskäufers beruht. Jede vertragliche, d. h. im Abzahlungsvertrag getroffene Erweiterung des vorbeschriebenen Rückgewährungsanspruchs des Abzahlungsverkäufers zuungunsten des Käufers ist nichtig (vgl. S. 32 und S. 61 über die nachträgliche vertragsmäßige Erweiterung der Ansprüche des Verkäufers).

Unverkennbar liegt in der vorbeschriebenen Beschränkung des Rückgewährungsanspruchs des Abzahlungsverkäufers wegen Nichterfüllung der dem Abzahlungskäufer obliegenden Verpflichtungen eine Bevorzugung des letzteren, die über den Zweck des Schutzes gegen Ausbeutung hinausgeht.

Denn der Abzahlungskäufer, der wegen Vertragsverletzung auf seiten des Abzahlungsverkäufers vom Vertrag zurücktritt, hat gegen letzteren einen unbeschränkten Schadenersatzanspruch auch rücksichtlich entgangenen Gewinns.

Zu erwähnen ist hier schließlich, daß allerdings die Tatsache des Abschlusses eines Abzahlungsgeschäfts die Ursache zum Entstehen eines Schadenersatzanspruchs aus § 823 BGB. des Abzahlungsverkäufers gegen den Abzahlungskäufer geben kann, s. über einen solchen die folg. Anm. 2 a. E.

2. Die infolge des Vertrags gemachten Aufwendungen. Der Umfang dieser Aufwendungen ist streitig. Die Begründung beschränkt sich hier auf die wenigen Worte: „Außerdem ist dem Verkäufer für die Aufwendungen, die er auf Grund des

Vertrags z. B. für den Transport der Sachen gemacht hat, Ersatz zu leisten."

Die Begriffsbestimmung ist daher nur aus dem leitenden Gesichtspunkt der §§ 1 und 2 (vorstehend unter 1) in Verbindung mit der logischen Ausprägung des Wortsinns zu entnehmen. Hieraus ergibt sich:

Die zeitliche und inhaltliche Beschränkung der Aufwendungen; da sie „infolge des Vertrags" gemacht sein müssen. so bestimmt der Zeitpunkt und die Tatsache des Vertragsabschlusses von vornherein die Entstehungsmöglichkeit der Aufwendungen.

a) Alle Aufwendungen zur Herstellung der konkreten Vertragssachen, z. B. zu ihrem Überpolieren, zu ihrer Aufarbeitung bei dem sog. Altsachenkauf, sind daher hier ausgeschlossen; jene Aufwendungen schaffen erst den Vertragsgegenstand, an dem die Preiseinigung und damit der Vertragsabschluß sich vollzieht. Gl. A. wenn auch mit anderer Begründung Lazarus S. 87.

b) Die sogen. Vermittelungs- oder Abschlußprovisionen der Agenten und Handlungsreisenden sind gleichfalls ausgeschlossen; sie sind nicht „infolge des Vertrags", sondern behufs Abschlusses des Vertrags vom Verkäufer aufgewendet. Gl. A. Hein S. 111. A. M. Lazarus S. 88, Hausmann A. 2 c § 2.

c) Die Transportkosten, die, wie erwähnt, die Begründung hier ausdrücklich erwähnt, sind dagegen unstreitig Aufwendungen infolge des Vertrags. Zweifelhaft ist, ob den im Einzelfall tatsächlich vom Verkäufer gezahlten Transportkosten ein Betrag gleichsteht, den Abzahlungsverkäufer als Inhaber größerer Geschäfte dafür in Ansatz bringen, daß sie für diese Geschäfte Möbeltransport-Wagen und Hilfskräfte ganz allgemein beschaffen und bezahlen.

Ein solcher Aufwendungsbetrag ist nicht infolge des einzelnen Vertrags „gemacht", sondern mehr oder weniger willkürlich berechnet. Schon dieses schließt einen solchen Rechnungsbetrag hier von den Aufwendungen aus. Gl. A. Hein S. 111; allerdings mit der nicht zutreffenden Begründung, daß in solchem Rechnungsbetrag „eine Gewinnquote liege, während nur Ersatz von Aufwendungen gefordert werden dürfe".

d) Die Rücktransportkosten können nicht als „infolge des Vertrags gemachte Aufwendungen" betrachtet werden. Sie entstehen vielmehr anläßlich der Aufhebung des Vertrags, also nach der Rechtsauffassung des § 346, die auch den §§ 1 und 2 des RGes. (vorstehend A. 1) zugrunde liegt, nachdem der Vertrag ex tunc aufgehoben ist.

Rücktransportkosten könnten mithin nur auf Grund eines allgemeinen Schadenersatzanspruchs gefordert werden, den der § 2 wie der § 1 des RGes. dem Verkäufer nicht zugesteht (vorstehend A. 1), wiewohl er wegen Zahlungssäumnis des Käufers zurücktritt. Gl. A. Hein S. 111, a. M. Hausmann A. 2a zu § 2.

Eine von der vorstehenden Darlegung abweichende Rechtsansicht vertritt jetzt, wie Hausmann, auch das Oberlandesgericht Jena in einem Urteil 3 U 37/12, abgedruckt im Recht 1913 Nr. 569.

Der verkürzte Abdruck jener Entscheidung scheint aber — ganz abgesehen davon, daß er eine nachprüfbare Rechtsdeduktion nicht enthält — auf einem ganz besonders gelagerten Sachverhalt zu beruhen.

Das Urteil führt aus:

„Zu den infolge des Vertrages gemachten Aufwendungen gehören auch die Kosten des Rücktransports zum Verkäufer, wenn nach den Umständen (?!) der Rücktransport nötig ist, um den Verkäufer in die Lage zu versetzen, wie vor dem Vertrage über den Kaufgegenstand zu verfügen, insbesondere wenn dieser einer Aufbesserung (?!) im Betriebe des Verkäufers bedarf."

e) Kosten für Verpackung, Aufstellung, für Vertrags-, Quittungs-, Zahlbücherformulare, Zoll- und Stempelkosten sind dagegen Aufwendungen, die vom Verkäufer infolge des Vertrags aufgewendet und ihm deshalb zu ersetzen sind. Gl. A. Hausmann A. 2a § 2, Lazarus S. 88.

Die Verpackungs- und Aufstellungskosten müssen aber — wie die Transportkosten (s. vorstehend) — anläßlich des einzelnen Vertrags vom Verkäufer in barer Summe aufgewendet werden. Für Hilfskräfte, die der Verkäufer für sein Geschäft allgemein angenommen und bezahlt, kann er einen entsprechenden, angeblich angemessenen Betrag nicht einstellen; ein solcher Betrag ist eben nicht „aufgewendet", sondern auskalkuliert.

Die sog. Inkassogebühren oder Inkassospesen oder Inkassoprovisionen veranlassen in Theorie wie Praxis hier einen besonders lebhaften Streit. Lazarus S. 88 erachtet jene Inkassobeträge für erstattungsfähig, soweit der Verkäufer die betreffenden Raten zurückzuzahlen hat, soweit er sie aber infolge irgendwelcher Abzüge behält, sei der Rücktritt ohne Einfluß auf solche Zahlungen; der Zweck, für den sie verauslagt seien, nämlich die Einnahme von Geld, bleibe bestehen, und deshalb sei kein Grund vorhanden, insoweit die Auslagen für Inkassoprovision vom Käufer erstattet zu verlangen.

Diese Unterscheidung ist dem Gesetzeswortlaut gegenüber ebenso unbegründet, wie sie inhaltlich willkürlich ist; nach dem Gesetzeswortlaut ist nicht die Nichterfüllung des wirtschaftlichen Zwecks der Vertragsleistung des Verkäufers entscheidend für die Erstattungsfähigkeit einer bezüglichen Aufwendung, sondern die Tatsache ihrer Vornahme „infolge des Vertrags", und ferner bestreitet der Verkäufer Inkassokosten nicht, um die einzelne Kaufpreisrate zu erhalten, sondern um im Wege des Inkassos die ratenweise Zahlung des ganzen Kaufpreises zu erzielen.

Hein S. 112 erachtet jede Inkassogebühr für eine nicht erstattungsfähige Aufwendung. „Ließen die Kredithäuser regelmäßig ihre Forderungen einkassieren, so läge darin eben ein allgemeiner Geschäftsgebrauch."

Die den Begriff der „Aufwendungen" erzeugende zeitliche und inhaltliche Beschränkung der Gesetzesworte, „die infolge des Vertrags gemachten Aufwendungen", zeigt, daß diese anläßlich und ursächlich des Abschlusses des einzelnen Vertrags entstanden sein müssen, durch den einzelnen vorliegenden Vertragsinhalt bedingt sein müssen.

Hieraus ergibt sich:

Das von den Parteien vertraglich bedungene Einkassieren der einzelnen Raten durch den Verkäufer macht die hierdurch dem letzteren entstandenen Inkassokosten zu Aufwendungen, die infolge des Vertrags gemacht sind.

Wie die Transportkosten (vorstehend S. 38) müssen aber auch die einzelnen Inkassokosten vom Verkäufer aufgewendet, d. h. konkret bar gezahlt sein. Dies ist zweifellos geschehen, wenn der Verkäufer auf seine Kosten die einzelne Rate durch die Post oder durch einen für den Gang bezahlten Boten einzieht.

Eine Gehaltssumme, die ein fest angestellter Kassierer erhält, läßt sich nicht durch eine mehr oder minder willkürliche Anrechnung auf eine einzelne Inkassotätigkeit anläßlich eines Vertrags zu einer „Aufwendung" infolge des letzteren „machen", sondern nur schätzungsweise „kalkulieren". Letzteres erfüllt aber nicht die vorerwähnte Gesetzesvoraussetzung der Erstattungsfähigkeit einer „gemachten" Aufwendung.

Dagegen ist ein ziffermäßig festgestellter Provisionsbetrag, den ein Kassierer für die einzelne Inkassotätigkeit anläßlich eines einzelnen Vertrags vom Verkäufer erhalten, stets eine infolge des Vertrags gemachte Aufwendung, die als solche erstattungsfähig ist.

Ist von den Parteien nicht vertraglich das Einkassieren der einzelnen Raten bedungen, so liegt die Zahlung der letzteren in dem Geschäftslokal des Verkäufers dem Käufer ob. § 270 BGB.

Der Verkäufer, der trotzdem die einzelnen Raten einkassieren läßt, macht hierdurch nicht infolge des Vertrags Aufwendungen, sondern aus eigener Geschäftsrücksicht oder Bequemlichkeit, oder zur Erhöhung seiner geschäftlichen Kulanz. Derartige und ähnliche Aufwendungen sind allgemeine Geschäftsunkosten und daher nicht erstattungsfähig.

f) Die Prozeßkosten eines Interventionsprozesses, den der Abzahlungsverkäufer über die unter Eigentumsvorbehalt dem Käufer übergebenen Sachen mit einem Dritten hat führen müssen, werden in der Praxis unter die Aufwendungen des § 2 gerechnet.

Hausmann, A. 2 zu § 2, zählt zu den Aufwendungen des § 2 „die Kosten eines Interventionsprozesses, welche der Verkäufer aufwenden mußte und vom Interventionsbeklagten nicht beitreiben konnte". Ebenso Lazarus S. 90 a. E.

Prozeßkosten eines Interventionsprozesses können den Abzahlungsverkäufer nur treffen:

einmal, wenn er in jenem Prozesse unterliegt; dies kann nur eintreten, wenn sein Prozeßgegner gutgläubig, in Unkenntnis von dem Eigentumsvorbehalt des Verkäufers, die Sachen erworben;

ferner, wenn der Verkäufer in jenem Prozesse zwar das Eigentum an den Sachen gegen den Prozeßgegner zur Feststellung bringt, der letztere zum Ersatz der dem Verkäufer entstandenen Kosten aber unvermögend ist.

In beiden Fällen ist die Prozeßentstehung und die dadurch veranlaßte Prozeßkostenaufwendung des Verkäufers eine Folge des Eingriffs seines Prozeßgegners in das Eigentumsrecht des Verkäufers, nicht „infolge des Abzahlungsvertrags" entstanden.

Eine anläßlich und ursächlich des Abzahlungsvertrags durch Erfüllung seines Vertragsinhalts veranlaßte Aufwendung liegt somit nicht in der Aufwendung von Interventionsprozeßkosten seitens des Verkäufers.

Die §§ 1 und 2 des RGes. bieten sonach keine Grundlage, bei der auf Grund jener Paragraphen vorzunehmenden Bestimmung der beiderseitigen Rückgewährung der empfangenen Leistungen, jene Prozeßkosten als eine Aufwendung des Verkäufers zu berücksichtigen.

Allerdings wird regelmäßig in dem vorerwähnten erstgedachten Fall, und kann in dem zweitgedachten Falle, durch ein Mitverschulden des Käufers der Besitz der Kaufsachen an den Interventionsprozeß-Gegner des Verkäufers gelangt, und dadurch der Prozeß selbst veranlaßt sein.

Die §§ 1 und 2 (vorstehend S. 36) gewähren aber für die Bestimmung der Rückgewährung der empfangenen Leistungen bei Rücktritt des Verkäufers anläßlich der Zahlungssäumnis oder sonstiger Vertragsverletzung seitens des Käufers nur die Berücksichtigung und Feststellung von Sachen-Schadenersatzansprüchen.

Ein Schadenersatzanspruch des Verkäufers in den vorgedachten Fällen kann daher von letzterem nur durch eine Klage aus § 276 bez. § 823 BGB. verfolgt werden, nicht im Wege oder im Rahmen der Rücktrittsklage aus den §§ 1 und 2 des RGes.

3. Der Ersatz für die Beschädigungen der Abzahlungssachen, der in § 2 zu Lasten des Abzahlungskäufers geregelt ist, betrifft nur Beschädigungen, die bis zu einer Rücktrittserklärung des Abzahlungsverkäufers entstanden sind.

Die nach jenem Zeitpunkt entstandenen Beschädigungen haben im Abzahlungsgesetz eine ausdrückliche Regelung nicht gefunden sind daher für den Abzahlungsverkauf — wie für den gewöhnlichen Kauf — nach allgemeinen Rechtsgrundsätzen des BGB. zu beurteilen, die nachfolgend S. 52 u. f. dargelegt sind.

Die bis zu der Rücktrittserklärung des Abzahlungsverkäufers entstandenen Beschädigungen sind nach § 2 von dem Abzahlungskäufer nur zu ersetzen, wenn sie „durch ein Verschulden des Abzahlungskäufers oder durch einen sonstigen von ihm zu vertretenden Umstand verschuldet sind."

Durch diese Vorschrift des § 2 des AbzGes. sind die Vorschriften des BGB. im § 347 Satz 1 und in dem den § 347 ergänzenden § 989 geändert, in denen für den Fall eines Rücktritts bestimmt wird: „Der Anspruch auf Schadenersatz wegen Verschlechterung, Untergangs oder einer aus anderen Gründen eingetretenen Unmöglichkeit der Herausgabe bestimmt sich im Falle des Rücktritts von dem Empfange (!) der Leistung an nach den Vorschriften, welche für das Verhältnis zwischen dem Eigentümer und dem Besitzer von dem Eintritt der Rechtshängigkeit des Eigentumsanspruchs gelten (§ 347 Satz 1),
und:

„Der Besitzer ist von dem Eintritt der Rechtshängigkeit an dem Eigentümer für den Schaden verantwortlich, der dadurch entsteht, daß infolge seines Verschuldens die Sache verschlechtert wird, untergeht oder aus einem anderen Grunde von ihm nicht herausgegeben werden kann (§ 989).

Trotz der Abweichung des § 2 AbzGes. vom § 347 BGB. läßt sich aber bei der Gleichartigkeit des Tatbestandes beider Paragraphen aus den Grundsätzen, die das Schrifttum (vgl. BGB. der RGR. Anm. 1 zu § 347) zu § 347 entwickelt, auch hier:

der leitende Gesichtspunkt entnehmen, der für die Frage der Haftung des Abzahlungskäufers für Beschädigungen der Abzahlungssachen einschließlich ihres Untergangs in Betracht kommt.

Der Abzahlungskäufer hat die Abzahlungssachen in dem Bewußtsein zu übernehmen, daß er jene „infolge des ihm oder dem Abzahlungsverkäufer zustehenden Rücktrittsrechts eintretendenfalls zurückgewähren müsse und deshalb sein Verhalten so einzurichten, daß er jener Verpflichtung demnächst genügen kann."

Der Abzahlungskäufer hat deshalb Untergang und Veränderungen, die nicht durch den ordnungsmäßigen Gebrauch der Abzahlungssachen veranlaßt sind, zu verhüten, solange ein Rücktritt des Abzahlungsverkäufers noch möglich ist, und zwar mit der „Fürsorgepflicht, welche objektiv nach den Regeln einer ordnungsmäßigen Wirtschaft dem sorgsamen Hausvater obliegt". Dies ergibt sich aus der Vorschrift des § 276 BGB., die als allgemeine Rechtsvorschrift auch hier anwendbar ist. Gl. A. mit allgemeiner Begründung Lazarus S. 90.

Der Umfang der Haftung des Käufers aus seiner Verpflichtung für einen verschuldeten Untergang oder eine verschuldete Verschlechterung der Sachen zu haften, bestimmt sich nach Vorstehendem und der allgemeinen Rechtsvorschrift der §§ 280 ff. BGB.

Der Käufer, der den Untergang der Sache verschuldet, hat deren wirklichen Wert zur Zeit der Herausgabe (Berechnung S. 49—51) anstatt der Herausgabe der Sachen dem Verkäufer zu zahlen. Der Käufer, der eine Verschlechterung der Sache verschuldet hat, hat die Summe der hierdurch entstandenen Minderung des wirklichen Werts der Sache ohne die eingetretene Beschädigung zur Zeit der Herausgabe (Berechnung S. 49—51) zu zahlen.

Selbstverständlich treten zu diesen Ersatzansprüchen noch die anderen, die § 2 dem Käufer im Falle des Rücktritts aus diesem Paragraph gewährt.

Ist streitig, ob Untergang oder Verschlechterung der Sache durch den Käufer verschuldet sind, so hat dieser zu beweisen, daß jene Ereignisse unabhängig von einem Verschulden seinerseits eingetreten sind. § 282 BGB. RG. JW. 08, 478.

Die mitunter getroffene Festsetzung in Abzahlungsverträgen, die sogar ohne Rücksicht auf ein Verschulden des Abzahlungskäufers bestimmt: „Beim Rücktritte hat Käufer fehlende Stücke nach dem Werte zu ersetzen, der im Vertrage als Kaufpreis bestimmt ist", ist, wie Börle in den Beiträgen Bd. 55 S. 184 zutreffend hervorhebt, nichtig.

Ob **entgangener** Gewinn neben dem Ersatz des Werts oder der Wertminderung im Falle verschuldeten Untergangs oder verschuldeter Verschlechterung der Sache durch den Käufer zu ersetzen, ist streitig.

Wie bereits Anm. 1 (S. 36) dargelegt, beschränkt das Reichsgesetz den wegen schuldhafter Zahlungssäumnis oder schuldhafter Nichterfüllung anderer Vertragsverpflichtungen des Abzahlungskäufers zurücktretenden Abzahlungsverkäufer auf die 3 Schadenersatzansprüche des § 2, die als solche entgangenen Gewinn nicht mitumfassen.

Entgangenen Gewinn im Sinne des § 252 BGB. kann daher der Abzahlungsverkäufer neben den Ersatzansprüchen wegen Sach-Untergang oder -Verschlechterung nicht aus § 2 des RGes., wie Lazarus S. 90 ohne Einschränkung annimmt, fordern, sondern nur ausnahmsweise, nämlich in dem erst später S. 56 und 57 besprochenen Fall eines Verzuges des Abzahlungskäufers nach Empfang der Rücktrittserklärung des Abzahlungsverkäufers.

In Ergänzung des Vorstehenden ist hier nochmals die bereits S. 22 erörterte **Rechtslage bei zufälligem Untergang** der dem Käufer übergebenen Sachen vor (!) einer Rücktrittserklärung des Verkäufers zu erwähnen (s. auch S. 22).

Jene Rechtslage — die, wie die Darlegungen S. 22 ergeben, noch streitig — ist richtiger Ansicht nach verschieden, je nachdem die Sachen unter Eigentumsvorbehalt des Verkäufers bis zur Vollzahlung sämtlicher Preisraten oder ausnahmsweise ohne jenen Vorbehalt dem Käufer übergeben sind.

Der zufällige Untergang der unter noch bestehendem Eigentumsvorbehalt des Verkäufers übergebenen Sachen ist von diesem zu tragen, da er eben Eigentümer der Sachen ist (vgl. S. 22).

Das vorbehaltene Eigentum der Sachen gelangt zwar mit der Erfüllung der aufschiebenden Bedingung der Vollzahlung aller Raten ohne weiteres (vgl. S. 22, 23) an den Käufer, trotzdem liegen bis zu diesem Zeitpunkt dem Verkäufer die Vertragsleistung fortgesetzter Besitzgewährung, der Gewährleistung für Nichteviktion und andere Verkäuferleistungen ob.

Die Erfüllung dieser Vertragsleistungen ist mit dem zufälligen Untergang der Sachen im vorbehalten gebliebenen Eigentum des Verkäufers diesem unmöglich geworden.

Der Käufer ist daher von der Verpflichtung zur Zahlung der nach dem zufälligen Untergang der Sachen fällig werdenden Preisraten befreit. § 323 BGB.

Die in Erwartung des Eigentumserwerbs bereits gezahlten Raten kann der Käufer auf Grund des Abs. 3 des § 323 in Verbindung mit § 812 f. BGB. zurückfordern; er hat sich hierbei aber die Summe des Werts für die bis zum Untergang der Sachen an diesen ihm gewährte Überlassung des Gebrauchs oder der Benutzung anzurechnen.

Der zufällige Untergang der ohne Eigentumsvorbehalt übergebenen Sachen, die somit sofort in das Eigentum des Käufers übergehen, ist von diesem zu tragen.

Die Leistung der nach dem zufälligen Sachuntergang fälligen Raten ist dem Käufer nicht unmöglich geworden, jene Raten sind daher trotz jenes Sachuntergangs zu leisten.

Ein Rücktrittsanspruch des Verkäufers aus § 1 wegen Zahlungssäumnis des Käufers ist aber ausgeschlossen, denn die bezügliche Leistung der Rückgewährung auf seiten des Käufers ist zufällig unmöglich geworden. Der § 350 BGB., der nur von dem Untergang der Sachen spricht, die der Rücktrittsberechtigte erhalten, kann daher hier nicht zur Anwendung gelangen s. auch S. 61.

Über zufällige Wertsminderung s. S. 53.

4. Für die Überlassung des Gebrauchs oder der Benutzung (der Sachen) ist deren Wert zu vergüten, wobei auf die inzwischen eingetretene Wertminderung der Sachen Rücksicht zu nehmen ist.

a) **Der Ausgangspunkt** für die überaus streitige Auslegung dieser Gesetzesvorschrift liegt in folgenden Momenten:

α) Der erste Gesetzentwurf bestimmte, daß der Verkäufer „eine angemessene Vergütung für die dem Käufer überlassene Nutzung (!) der Sache verlangen" kann.

An die Stelle dieser Worte wurden die vorstehenden Gesetzesworte dann gestellt.

β) Die rechtsanaloge Anlehnung der Gesetzesvorschrift an § 346 BGB. ist zweifellos, auch in der Literatur nicht bestritten. Dieser § 346 ist in seiner vorliegenden Fassung allerdings dahin gefaßt: „für die Überlassung der Benutzung einer Sache ist der Wert zu vergüten."

Und es ist wichtig, daß der diesem § 346 entsprechende § 298 des Entwurfes des BGB. von Überlassung des Gebrauchs oder der Benutzung der Sache gesprochen.

In diesen Worten aber mit Rücksicht auf § 100 BGB. „einen Pleonasmus", wie Lazarus S. 91 u. A. annimmt, zu sehen, der nur irrtümlich im § 2 des RGes. unberichtigt geblieben, beruht auf einer Verkennung der rechtlichen Verschiedenheit des § 346 zit. und des § 2 des RGes.

Der § 346 regelt einen vertragsmäßig vorgesehenen Rücktritt von dem Gesichtspunkte aus, daß keine der Vertragsparteien eine Bereicherung erziele.

Der § 2 setzt im Falle des Rücktritts des Verkäufers wegen schuldhafter Säumnis des Käufers in Erfüllung seiner Vertragsverpflichtungen einen Entschädigungsanspruch des ersteren fest.

Um deswillen gewährt der § 2

schon: „für die Überlassung des Gebrauchs" oder der Benutzung der Sache an den Käufer dem Verkäufer eine Entschädigung; also ohne Rücksicht darauf, ob der Käufer auch tatsächlich Gebrauch von der Sache gemacht hat. Hat daher selbst eine Sache aus irgendeinem Grunde „gar keinen Wert" für den Käufer, so hat dieser nicht, wie Lazarus S. 95 meint, „nichts zu vergüten", sondern trotzdem einen Gebrauchswertersatz (vgl. S. 45) dem Verkäufer zu leisten;

und derselbe Wertsersatz ist „für die Benutzung" der Sache im gesetzlichen Vollgehalt dieses Begriffs (S. 46) nach § 2 vom Käufer zu leisten.

γ) Das schwierigste Auslegungsmoment aber liegt in der Tatsache, daß die Gesetzesworte: „wobei auf die inzwischen eingetretene Wertminderung der Sache Rücksicht zu nehmen ist", einem erst in der Reichstagssitzung vom 10. April 1894 gestellten Antrag des Abgeordneten Dr. Enneccerus ihre Aufnahme in das Gesetz verdanken, und zwar (vgl. StenBer. IX. 3. S. 2031 u. f.) obgleich die Diskussion über jenen Antrag ebenso flüchtig wie widerspruchsvoll und daher ungeklärt abgeschlossen wurde. Um so bedeutender kommt daher die autoritative Erklärung des Regierungsvertreters in Betracht: daß durch diesen Antrag in der Tragweite der Vorlage nichts geändert würde, daß, was er besage, in den Motiven stehe, und auch dies die übereinstimmende Meinung der Parteien sei.

δ) Die sonach maßgebend verbliebenen Motive erklären aber: „Diejenige Entschädigung ist zu gewähren, die unter entsprechenden Verhältnissen für den gemeingewöhnlichen Gebrauch derartiger Gegenstände im allgemeinen üblich ist; hierbei ist selbstverständlich auf die Verringerung des **Verkehrswerts**, den z. B. neue Möbel durch eine, wenngleich nur kurze Benutzung erleiden, gebührende Rücksicht zu nehmen."

Hieraus ergibt sich:

b) **Der Wertsersatz ist einheitlich** für die Gebrauchs- oder Benutzungsüberlassung und Wertminderung im Falle des Rücktritts des Verkäufers aus § 2 — nach dem juristisch-logischen Wortinhalt dieses § 2 und der Motive — zu bestimmen.

Der § 2 bestimmt, wie die Motive ergeben, nicht:

„Es ist Ersatz für die Überlassung des Gebrauchs oder der Benutzung **und** für Wertminderung zu leisten."

Sondern er bestimmt:

„Der Ersatz des Werts ist für die Überlassung des Gebrauchs oder der Benutzung zu leisten, **wobei** auf eingetretene Wertminderung Rücksicht zu nehmen ist."

Die Gepflogenheit der Praxis, in der Klage und vielfach in dem Urteil getrennt eine Summe für Gebrauch und Benutzung und daneben eine Summe für Wertminderung festzustellen, ist mithin gesetzwidrig. Gl. A. Hausmann, A. 5 § 2, Lazarus, Hein S. 112.

c) **Die Bezifferung der Summe der Entschädigung** für Gebrauch oder Benützung der Sachen wird nach den Motiven ausdrücklich bedingt von der Summe der Entschädigung, die für den „gemeingewöhnlichen Gebrauch derartiger Gegenstände im allgemeinen üblich ist".

Daraus folgt:

Unstreitig: Der verkehrsübliche Mietpreis für die einzelnen Sachen ist hier die festzustellende Entschädigungssumme für die Überlassung des Gebrauchs oder Benutzung der Sachen. Hierüber ist man in der Literatur einig.

Verkehrübliche Mietspreise bestehen z. B. für Hausmöbel, Bücher, Kleider, Nähmaschinen, Klaviere.

Streitig ist: Die, beim Fehlen verkehrsüblicher Mietspreise für einzelne Sachen, für die Überlassung des Gebrauchs oder der Benutzung solcher Gegenstände festzusetzende Entschädigung.

Hausmann und Hoffmann-Wilke umgehen die Prüfung der Frage; der erstere spricht überhaupt nur vom „objektiven Mietswert".

Lazarus S. 93 führt aus: „In solchen Fällen existiert ein objektiver Benutzungswert, wenn er auch im wirklichen Verkehrsleben nicht in die Erscheinung trete. Er sei hier gleich dem Preise, zu dem die Sachen von den Vermietern unter Einrechnung eines durchschnittlichen Geschäftsgewinns, der üblichen Risikoprämien u. dgl. vermietet werden **könnten**.

Wo aber das Nichtbestehen eines üblichen Mietpreises „darin seinen Grund habe, daß der Mietpreis, den die Vermieter fordern müßten, größer sei als der, den die Mieter bewilligen könnten" — „sei der Wert im Sinne des § 2 nicht etwa der Betrag, zu welchem man die Sachen vermieten könnte, sondern zu dem man sie unter gewöhnlichen Umständen mieten würde."

Diese Ausführungen sind ebenso hypothetisch-willkürlich, wie für Urteilsfeststellungen ohne reale Grundlage. Aus welchem Tatsacheninbegriff soll oder läßt sich denn feststellen, ob eine verkehrsüblich nicht vermietete Sache „vermietet werden könnte", oder auch nur „gemietet werden würde".

Der für die Überlassung des Gebrauchs oder der Benutzung nach § 2 zu vergütende Wert ist nach den Motiven stets nur die objektiv feststellbare, „allgemein übliche Entschädigungssumme", also der verkehrsübliche Mietpreis einzelner Sachen.

Besteht für einzelne Sachen nicht ein verkehrsüblicher Mietspreis, so ist auch eine Gebrauchs- oder Benutzungsentschädigung aus § 2 nur in folgender Weise möglich.

Es ist dann nur festzustellen, ob trotz der Nichtbezifferbarkeit einer Entschädigung für den Gebrauch oder die Benutzung nicht „hierbei", d. h. ob trotz der Unbezifferbarkeit eines Wertsersatzes für Gebrauch oder Benutzung ursächlich dieser eine Wertsminderung der Sachen eingetreten; dieses ist dann zu berücksichtigen und insoweit zu beziffern. Hierüber S. 51.

Unzulässig ist — was vielfach jetzt geschehen —, für den Gebrauch oder die Benutzung der Abzahlungssachen von vornherein eine bestimmte Summe festzusetzen, ohne Rücksicht auf die Dauer und die Benützung der Abzahlungssachen im Falle ihrer Rückgabe. Jene Festsetzung widerspricht der ausdrücklichen Vorschrift des § 2 des AbzGes., der in Abweichung von § 346 BGB. die Vereinbarung einer Vergütung für Gebrauch oder Benutzung der Abzahlsachen nicht zuläßt.

d) **Die Rücksichtnahme auf die inzwischen eingetretene Wertminderung** bei der Bewertung der Vergütung für Gebrauch oder Benutzung der Sachen hat zunächst, wie schon erwähnt (vorstehend unter b) davon auszugehen:

Die Feststellung einer Summe als Gebrauchs- oder Benutzungsvergütung und getrennt daneben die Festsetzung einer Summe als Ersatz der Wertminderung ist unzulässig.

Die erstgedachte Summe ist vielmehr nur zu erhöhen, sofern und insoweit „inzwischen", d. h. zwischen dem Zeitpunkt der Übergabe der Sachen an den Käufer und dem Zeitpunkt der Urteilsfällung (s. aber auch S. 52 h und 53) eine Minderung des Werts der Sachen eingetreten ist.

Der Gebrauch oder die Benutzung einer Sache haben nun regelmäßig eine Minderung des Werts der Sachen zur begriffsnotwendigen Folge.

Der verkehrsübliche Mietpreis für Gebrauch oder Benutzung der Sachen ist daher regelmäßig schon zugleich in Rücksicht auf die

Wertminderung der Sachen anläßlich ihres Gebrauchs oder ihrer Benutzung beziffert.

Zweifelhaft und streitig sind aber hier:

ob bzw. welche besonderen Umstände auf Grund des § 2 vorliegen müssen, welche eine Erhöhung der verkehrsüblichen Vergütung für Gebrauch oder Benutzung von Sachen mit Rücksicht auf eine eingetretene Wertminderung erfordern und daher der Grund der letzteren. Entscheidend neben dem logisch-juristischen Wortsinn des Gesetzestextes sind auch hier die vorstehend unter 1 a. δ wiedergegebenen Motive; sie sind nach der autoritativen Erklärung des Regierungsvertreters und der Reichstagsabstimmung maßgebend geblieben, wenn auch der Antrag Enneccerus, wie erwähnt (vorstehend 1 γ) die Gesetzesworte („wobei auf die inzwischen eingetretene Wertminderung der Sache Rücksicht zu nehmen ist") eingefügt hat.

Besondere Umstände müssen somit vorliegen, wenn, wie die Motive sagen, „diejenige Entschädigung, die unter entsprechenden Verhältnissen für den gemeingewöhnlichen Gebrauch der Sachen im allgemeinen üblich", im Einzelfalle mit Rücksicht auf eine eingetretene Wertminderung der Sachen zu erhöhen ist.

Indem nun die Motive mit den eben gedachten Worten die regelmäßige normale Entschädigungssumme nur in Höhe des verkehrsüblichen Mietzinses als gerechtfertigt hinstellen, zeigen sie zugleich, daß nur eine Veränderung der normalen Voraussetzungen des verkehrsüblichen Mietzinses eine Erhöhung des letzteren bewirken könne. Jede andere Annahme ist, gegenüber der Fassung des Gesetzes wie der Motive, außerhalb der letzteren liegend und daher willkürlich.

Daraus ergibt sich: die Fälle, in denen eine Erhöhung des verkehrsüblichen Mietzinses einzutreten hat, weil die durch diesen bereits mit abzugeltende Sachwertsminderung infolge Gebrauchs oder Benutzung ausnahmsweise eine höhere ist, liegen nur vor:

α) wenn Gebrauch oder Benutzung der zurückzugebenden Sachen nicht unter den dem verkehrsüblichen Mietsgebrauch „entsprechenden Verhältnissen" erfolgt sind.

Als den verkehrsüblichen Mietszins erhöhend kommen daher hier alle Maßnahmen in Betracht, die — ohne daß sie Beschädigungen oder Verschlechterungen (s. S. 40 ff.) oder ungewöhnliche Gebrauchshandlungen (folgend unter β) darstellen — der Abzahlungskäufer im Hinblick auf den demnächstigen unbedingten Eigentumserwerb, oder falls er ausnahmsweise sofort Eigentümer geworden, als solcher mit den Sachen vorgenommen hat.

Als solche Handlungen können im Einzelfalle sich darstellen: das Freiliegenlassen von Büchern in kostbarem Einbande, der durch die übliche Licht- und Staubeinwirkung leidet; das Aufstellen polierter Gegenstände in der Nähe des Fensters, wodurch Lichteinwirkungen auf die Politur eintreten u. dgl. m.

β) Als den verkehrsüblichen Mietzins erhöhend kommt ferner jeder nichtgemeingewöhnliche Gebrauch der Sachen in Betracht. Diese Fälle sind im Abzahlungsvertragsverhältnis zahllos; zu ihnen zählen das häufigere Tragen sog. Sonntagssachen auch am Alltage, das fortgesetzte und wiederholte Durchlesen nur einzelner Teile der auf Abzahlung verkauften Bücher fast bis zur Beschädigung der letzteren.

γ) Ein den verkehrsüblichen Mietzins erhöhender Umstand ergibt sich endlich dort, wo der „allgemein übliche" Mietzins nur mit Rücksicht auf eine längere Mietsdauer bemessen ist, infolge des Rücktritts des Verkäufers aber die Rückgabe der in Gebrauch genommenen Sachen nach kurzer Zeit bereits zu erfolgen hat.

Es ist klar, daß, wenn ein verkehrsüblicher Mietzins nur für Gebrauch oder Benutzung von mindestens einem Jahre für einzelne Sachen besteht, der **Gebrauchs- und Benutzungszins für nur ein Vierteljahr quotenmäßig höher zu berechnen ist; denn die Wertminderung** für Gebrauch **oder** Benutzung, die im Jahresmietszins schon mit berücksichtigt, wird durch einen Vierteljahrsmietzins nicht schon stets mit abgegolten; eine große Zahl von Sachen verliert fast dasselbe an Wert, sowohl wenn sie 1 Jahr als auch wenn sie nur ein Vierteljahr gebraucht werden.

e) **Die rechnerische Feststellung einer Erhöhung der verkehrsüblichen Mietszinssumme mit Rücksicht auf eine eingetretene Wertsminderung**, sofern diese durch jenen Mietzins noch nicht entgeltet wird, erfordert sonach:

α) die Feststellung, ob bzw. mit welcher Summe ein verkehrsüblicher Mietszins für eine einzelne Sache besteht; sodann

die Feststellung der Gesamtsumme der verkehrsüblichen Mietszinsbeträge mit Rücksicht auf die Dauer des Gebrauchs oder der Benutzung der einzelnen Sache; ferner

β) die Feststellung, ob Voraussetzungen vorliegen, welche eine Erhöhung der Gesamtsumme des verkehrsüblichen Mietszinses in dem vorliegenden Einzelfalle begründen.

Also ob die Benutzung oder der Gebrauch nicht unter Verhältnissen erfolgte, die dem verkehrsüblichen Mietsgebrauch entsprechen (vorstehend d α), oder ob ein nicht gemeingewöhnlicher Gebrauch vorgenommen ist (vorstehend d β), oder ob der allgemein übliche Mietszins nur für längere Zeit besteht und daher bei kürzerem Gebrauch eine quotenmäßige Erhöhung einzutreten hat (vorstehend d γ), endlich

γ) die ziffermäßige Schlußfeststellung der Summe, um welche die Gesamtsumme der Mietzinsbeträge zu α infolge der Voraussetzungen zu β zu erhöhen ist.

Über die Art der Gewinnung dieser Schlußfeststellung herrscht nun — und zwar nicht nur über den hierbei zugrunde zu legenden Wert der Sachen, vgl. nachstehend unter f S. 50 — in Theorie und Praxis eine geradezu einzigartige Unklarheit. Unstreitig ist zwar, daß die Gesamtsumme der verkehrsüblichen Mietszinsbeträge regelmäßig schon die ausreichende Entschädigungssumme für den Verkäufer dafür darzustellen hat, daß die ihm zurückgegebenen Sachen gebraucht oder benutzt und hierdurch im Werte verloren haben.

Unstreitig ist ferner, daß jene Gesamtsumme der verkehrsüblichen Mietspreisraten nicht stets die tatsächlich infolge Gebrauchs der Sachen hervorgerufene Wertminderung der letzteren ausgleicht: vgl. Lazarus S. 92, Hausmann A. 5 § 2, Lichtenthal S. 31.

Ist dies aber der Fall, so erfordert die logisch richtige Feststellung der Erhöhung der verkehrsüblichen Mietzinsbeträge, falls die Voraussetzungen zu d α—γ (S. 47/48) vorliegen, folgende Rechnung:

Die Gesamtsumme der verkehrsüblichen Mietzinsraten beträgt	x oder z. B. 30 M.
Der Wert (S. 50 f.) der zurückzugebenden Sachen würde sich, falls die Voraussetzungen zu d (S. 46/47) nicht eingetroffen waren, stellen auf die Summe	y oder z. B. 80 M.
Die besonderen Voraussetzungen haben jetzt den Wert der Sachen auf die Summe von .	z oder z. B. 70 M.
heruntergesetzt.	
Ergo ist die Summe von	y oder von 80 M.
	— z oder von 70 M.
	= y — z oder von 10 M.

diejenige, welche mit Rücksicht auf die inzwischen eingetretene Wertminderung zu der Gesamtsumme der verkehrsüblichen Mietzinsraten von x oder in unserem Beispiel von 30 M. hinzuzuzählen ist, damit die Entschädigung des § 2 dem Verkäufer gewährt wird.

Die Praxis aber und mit ihr die Literatur Lichtenthal, Hausmann a. a. O. rechnen nicht so; sie stellen nicht den vorgedachten Wert y fest, sondern, sobald die besonderen Voraussetzungen zu d S. 46/47 vorliegen, stellen sie den Wert der Sachen zur Zeit des Vertragsabschlusses (!) (S. 50) fest, ziehen von diesem den Wert z ab und zählen diese Differenz der Gesamtsumme der Mietzinsraten y zu. Wäre im vorliegenden Beispiel

der Wert der Sachen zur Zeit des Vertragsschlusses	v oder 100 M.
die Gesamtsumme der verkehrsüblichen Mietsraten	x oder 30 M.
der Wert der zurückzugebenden Sachen ohne die Voraussetzungen zu d (S. 46/47)	y oder 80 M.
der Wert, den die Sachen infolge der besonderen Voraussetzungen zu d haben	z oder 70 M.

so zieht die Praxis, da sie eben die Feststellung der Summe y oder 80 M. unlogischerweise regelmäßig unterläßt, von der Summe von

v oder 100 M.
die Summe von z oder 70 M.
= v — z oder 30 M. ab

und rechnet die Differenz v—z von 30 M. der Summe von x oder 30 M. zu, anstatt die Summe von y—z oder 80—70 M. = 10 M., nur der Summe von x oder 30 M. zuzurechnen.

Auf diese Weise erklären sich für die bisherige Praxis die unbegreiflich hohen Entschädigungssummen, die gegenwärtig zum Erstaunen der Beteiligten in den Fällen des § 2 berechnet werden, ohne daß bisher die logische Unrichtigkeit der Berechnungsart erkannt ist.

In der Literatur ist man sich dessen wohl bewußt geworden, daß die üblichen Berechnungen einer „eingetretenen Wertminderung" behufs Erhöhung der verkehrsüblichen Mietzinssummen nicht gesetzlich richtig sein können. Und man hat sich deshalb im wesentlichen mit den Ausführungen beholfen, wie sie Lazarus S. 98 macht: „Der Zuschlag zum Ersatz des Werts der Benutzung, den § 2 vorschreibt, umfasse nicht die Berücksichtigung der Wertminderung zum vollen, sondern nur zum Teilbetrage. Zu welchem Teilbetrage aber? Darüber habe der Gesetzgeber nichts gesagt, sondern habe dies völlig dem Billigkeitsgefühl des Richters überlassen, ohne diesem einen Anhalt zu geben, welchen Grundsätzen diese Billigkeit entsprechen solle, etwa nach Muster des § 829 BGB. Indessen liege unser Fall ähnlich, wie der des § 829 BGB., und sei auch ähnlich zu entscheiden."

Der Gesetzgeber hat die vorstehend dargelegte Berechnung der Wertminderung der zum Gebrauch übergebenen Sachen nicht ausdrücklich „vorgeschrieben", weil sie aus einer logischen Berechnungsart sich als selbstverständlich ergibt.

f) **Derjenige Wert der Sachen, der bei jeder Berechnung eines Ersatzes für eingetretene Wertminderung zunächst zu berücksichtigen ist,** ist der verkehrsübliche Verkaufswert der Sachen zur Zeit des Vertragsabschlusses.

Dies ist in der Literatur (vgl. Hausmann 95 A. zu § 2) nicht streitig, kann auch nicht zweifelhaft sein. Denn der Kaufpreis der Sachen — wie in der Praxis mitunter angenommen wird — stellt niemals einen „Wert" der Sachen dar, sondern die Summe, für welche der Verkäufer die Sachen mit Rücksicht auf das Risiko des Abzahlungsgeschäfts, insbesondere in Anbetracht des bewilligten Zahlungskredits veräußert.

Die unter e (S. 48 vorst.) *dargestellte richtige Berechnung* der Summe für eingetretene Wertminderung — also die richtige Erhöhung der verkehrsüblichen Mietspreise für den Gebrauch oder die Benutzung der Sachen mit Rücksicht auf die besonderen Voraussetzungen vorstehend unter d (S. 46) —, hat daher stets, nach der vorerwähnten Fassung des § 2 und seiner Motive, im einzelnen, wie S. 49 erwähnt, festzustellen:

den verkehrsüblichen Verkaufswert der Sachen zur Zeit des Vertragsschlusses (ohne jede Rücksicht auf den Vertragspreis . . . . z. B. 100 M.

den verkehrsüblichen Verkaufswert der Sachen nach stattgehabtem Gebrauch und erklärtem Rücktritt des Verkäufers, wenn die besonderen Voraussetzungen unter d (S. 46) nicht eingetreten wären z. B. 80 M.

den verkehrsüblichen Verkaufswert, den die Sachen nach stattgehabtem Gebrauch und nach erklärtem Rücktritt der Verkäufer infolge Eintritt der besonderen Voraussetzungen unter d haben . . . . z. B. 70 M.

Wie unter e (S. 48 u. f.) dargelegt, ergibt sich dann die Summe von 80 M.—70 M. = 10 M. als derjenige Betrag, der der Gesamtsumme der verkehrsüblichen Mietspreise (von x oder z. B. 30 M.) zuzuzählen ist, um eine eingetretene Wertminderung zu berücksichtigen, sofern eine solche beim Vorliegen der Voraussetzungen unter d (S. 46) festzustellen ist. Liegen solche Voraussetzungen nicht vor, dann ist mit der Gesamtsumme der verkehrsüblichen Mietspreise (s. auch S. 57!) zugleich, wie vorstehend erwähnt, die infolge Gebrauchs oder Benutzung eingetretene Wertminderung abgegolten.

g) **Die Vergütung des rücktretenden Verkäufers von Sachen, für deren Gebrauch oder Benutzung verkehrsübliche Mietspreise nicht bestehen**, beschränkt sich, wie bereits S. 45/46 erwähnt, lediglich auf die Feststellung der infolge Gebrauchs oder Benutzung eingetretenen Wertminderung der Sachen, die z. B. auch bei Uhren möglich.

Da eine Gesamtsumme von Mietspreisen in einem solchen Falle nicht vorhanden, eine durch jene Summe bereits berechnete Wertminderung mithin hier noch nicht erfolgt ist, so ergibt sich hier:

Es ist zu berechnen der verkehrsübliche Verkaufswert der Sachen zur Zeit des Vertragsschlusses mit z. B. 100 M.

der verkehrsübliche Verkaufswert der Sachen nach stattgehabtem Gebrauch und Benutzung und nach Rücktritt des Verkäufers, ohne daß die besonderen Voraussetzungen unter d vorliegen . . . . z. B. 80 M.

der verkehrsübliche Verkaufswert der Sachen nach stattgehabtem Gebrauch und Benutzung und infolge Vorliegens der besonderen Voraussetzungen, die vorstehend unter d erwähnt sind . . . . z. B. 70 M.

Die Vergütung des Verkäufers wird somit im vorliegenden Falle 100—80 M. = 20 M. ausmachen, falls die besonderen Voraussetzungen unter d nicht eingetreten sind; ist letzteres geschehen, so wird die Vergütung des Verkäufers auf 100—70 M. zu beziffern sein.

h) **Der Zeitpunkt, bis zu welchem eine Vergütung für den Gebrauch oder die Benutzung unter Berücksichtigung der Wertsminderung festzustellen ist,** ist teils verschieden, teils nach verschiedenen Gesetzesvorschriften zu bestimmen.

Die Rücktrittserklärung aus §§ 1 und 2 des RGes. hebt den Abzahlungsvertrag mit obligatorischer Wirkung ex tunc auf und unterstellt somit die Rechtsverhältnisse aus diesem Vertrag nur bis zu jenem und nur in jenem Zeitpunkt noch den Bestimmungen der §§ 1 und 2.

Hieraus ergibt sich:

Die Vergütung für Gebrauch oder Benutzung und die Wertminderung ist aus §§ 1 und 2 nach den vorstehenden Grundsätzen nur bis zu dem Zeitpunkt zu berechnen, in welchem die Rücktrittserklärung dem Käufer zugeht.

Der Gebrauch oder die Benutzung der Sachen nach Zugang der Rücktrittserklärung — vorausgesetzt, daß diese berechtigt — **sind nicht mehr nach §§ 1 und 2 des RGes.** (deren Vorschriften durch die §§ 346, 347 BGB. nur ergänzt werden, und zwar nur insoweit, als jene §§ 1 und 2 nicht ausdrücklich etwas Abweichendes bestimmen), sondern ausschließlich nach den §§ 346, 347 und §§ 987—994 BGB. zu beurteilen und zu vergüten.

Der Käufer hat daher für Gebrauch oder Benutzung der Sachen nach Empfang der Rücktrittserklärung den „Wert" gemäß § 346 BGB. zu ersetzen.

Dieser Wert ist jetzt, gleichviel ob für einzelne Sachen ein verkehrsüblicher Mietspreis besteht oder nicht, nach freiem Ermessen des Gerichts zu bestimmen.

Der Anspruch des Verkäufers auf diese Vergütung wegen Benutzung der Sachen nach Zugang der Rücktrittserklärung ist ein von dem Rückgewähranspruch aus §§ 1 und 2, soweit dieser Gebrauchs- oder Benutzungsvergütung bis zu jenem Zeitpunkt fordert, völlig selbständig getrennter und daher besonders zu begründen.

Eine Klage, die nur auf den Rücktritt aus §§ 1 und 2 gestützt ist, kann daher niemals zu einer urteilsmäßigen Feststellung einer Vergütung für Gebrauch oder Benutzung nach erhaltener Rücktrittserklärung führen.

Ein Gebrauch oder eine Benutzung, nach der Rücktrittserklärung des Verkäufers, sind stets rechtswidrig und daher nach § 346 BGB. abzugelten, gleichviel ob der Käufer nach Zugang der Rücktrittserklärung mit der Rückgabe der Sachen (vgl. S. 55) im Verzuge ist oder nicht, ob er insbesondere ein Retentionsrecht an jenen hat oder nicht.

Eine Wertsminderung der Sachen nach Empfang der Rücktrittserklärung infolge Gebrauch oder Benutzung nach diesem Zeitpunkt ist, da eben der Gebrauch oder die Benutzung rechtswidrig, stets fahrlässig (über zufällige Wertsminderung unten S. 55) verursacht.

Der Anspruch aus einer Wertsminderung nach jenem Rücktritt ist daher nicht aus §§ 1 und 2 des RGes., sondern aus § 823 BGB. begründet.

Dieser Anspruch ist deshalb mit dem Rücktrittsanspruch aus §§ 1 und 2 zit. nicht identisch und muß deshalb eben neben einem solchen selbständig besonders erhoben und begründet werden.

1) **Die Frage der Vergütung für eine zufällige Wertsminderung** der infolge Rücktritts des Verkäufers diesem zurückzugebenden Sachen ist streitig.

Jene Frage kann richtig nur unter Trennung der Zeitpunkte gelöst werden, in welchen die zufällige Wertsminderung eingetreten

α) Die **bis zu dem Zugang des Widerrufs** an den Käufer eingetretene zufällige Wertsminderung hat der Verkäufer zu tragen.

Das Eigentum an den Sachen des Abzahlungsvertrags mag, wie regelmäßig geschieht, vom Verkäufer vorbehalten sein, oder ausnahmsweise bereits auf den Abzahlungskäufer gelangt sein.

Die Gesetzesfassung im § 2 wie die oben (S. 43) angeführten Motive zeigen zweifelsfrei, daß nur die infolge Gebrauchs oder Benutzung ursächlich durch diese entstandene Wertsminderung vom Käufer zu vergüten ist. Jede darüber hinausgehende Vergütung würde einen Schadenersatz enthalten, den das Gesetz dem Verkäufer — der ja den Rücktritt nicht zu wählen braucht — nur im Falle eines Verschuldens des Käufers gewährt. Dies ergibt sich auch aus der Ergänzung, die § 2 des RGes. durch die §§ 347 und ‘89 BGB. erhält.

Hausmann A. 5 D und Hoffmann-Wilke A. 4 § 2 lassen den Käufer für jeden „von den Willen beider Teile völlig unabhängigen, zufälligen Umstand haften.“

Beide wollen diese Annahme aus der Entstehungsgeschichte des Gesetzes und aus einer wirtschaftlichen Erwägung herleiten.

Aus der Entstehungsgeschichte des Gesetzes wird hier angeführt: Bei Einschiebung der Worte: „wobei auf die inzwischen eingetretene Wertminderung der Sache Rücksicht zu nehmen ist“ auf Antrag des Abg. Enneccerus habe dieser gerade auf die Möglichkeit hingewiesen, daß eine auf Abzahlung verkaufte Maschine in der Zwischenzeit durch eine Neukonstruktion erheblich entwertet sei, der Käufer mit Rücksicht auf diese Entwertung absichtlich die Zahlungen einstelle und dadurch den Verkäufer zum Rücktritt zwinge.

Es ist bereits S. 44 dargelegt, daß die Ausführungen des Abg. Enneccerus in der Schlußabstimmung nicht die Zustimmung des Reichstags gefunden .

Die letztere ist vielmehr erteilt, nachdem der Regierungsvertreter unter Zustimmung des Reichstags hervorgehoben hatte, daß durch jenen Antrag Enneccerus in der Tragweite der Vorlage nichts geändert würde und daß, was der Antrag besage, schon in den Motiven stehe.

Der vorerwähnten Anführung des Antragstellers gegenüber aber hob der Regierungsvertreter insbesondere hervor, daß der Abg. Enneccerus im Laufe der Diskussion über das hinausgegangen sei, was anfangs seine Absicht gewesen. Und mit diesen Worten ist der Kernpunkt der hier zu lösenden Frage getroffen.

Die vorerwähnte Enneccerussche Erklärung betrifft ausschließlich den Tatbestand, daß ein Käufer absichtlich (!) mit Rücksicht auf eine eingetretene Entwertung der Sachen seine Zahlungen einstellt, um den Verkäufer zum Rücktritt zu zwingen (!).

Ganz unbedenklich würde ein solcher Tatbestand, wenn die probatio diabolica seiner objektiven und subjektiven Reate gelingt, den Käufer zum Ersatz der zufälligen Wertminderung verpflichten.

Dieser Wertsersatz würde aber nicht aus §§ 1 und 2 des RGes. sondern aus § 826 BGB. herzuleiten sein; der bezügliche Anspruch des Verkäufers würde daher aus diesem § 826 und mithin selbständig neben dem Vergütungsanspruch wegen Rücktritts aus §§ 1 und 2 des RGes. zu begründen sein.

Die Entstehungsgeschichte ergibt somit keinen Anhalt, daß — von dem eben erwähnten Sondertatbestand des § 826 BGB. abgesehen — der Vergütungsanspruch des Verkäufers wegen Wertsminderung im Falle Rücktritts aus §§ 1 und 2 des RGes. den Ersatz wegen zufälliger Wertsminderung mitumfaßt.

Die wirtschaftliche Erwägung, die eine solche Ersatzpflicht des Käufers wegen zufälliger Wertsminderung aus §§ 1 und 2 des RGes. rechtfertigen soll, ist gleichfalls unbegründet.

Hausmann führt hier A. 5D zu § 2 an: „Wenn eine Preissteigerung des Gegenstands eintrete, z. B. bei echten Teppichen, habe den alleinigen Vorteil davon der Käufer, der seinen Vertragspflichten nachkomme; der Verkäufer könne sich dem Vertrage nicht entziehen, sondern stets mit Erfolg zur Erfüllung gezwungen werden. Wenn dagegen ein Preissturz eintrete, könne der Käufer nach den tatsächlichen Verhältnissen nicht mit Erfolg zur Erfüllung gezwungen werden. Der Käufer könne deshalb auf Kosten des Verkäufers mit dem dem letzteren gehörigen Gegenstande spekulieren."

Übersehen ist hierbei, daß dieselben wirtschaftlichen Möglichkeiten bei dem normalen Kreditkauf ohne Rücktrittsbefugnis und Eigentumsvorbehalt des Verkäufers in gleichem Maße eintreten können, ohne daß das Gesetz dagegen einen schützenden Rechtsbehelf dem Verkäufer gewährt. Daß ein solcher Rechtsbehelf dem Verkäufer aber dann zustehen soll, wenn er zu seinem Schutz und zur Verbesserung seiner Rechtslage die Form des Abzahlungsvertrages mit Rücktritt und Eigentumsvorbehalt wählt, ist nicht nur in dem Reichsgesetz nicht erwähnt, sondern steht im stärksten Widerspruch mit der Tendenz des Gesetzes, daß — wie die Begründung sagt — „die Abwicklung des Verhältnisses im Falle des Rücktritts des Verkäufers nicht teils vom Zufall, teils vom Verhalten des Gläubigers abhängen" darf.

Eine zufällige Wertsminderung, die bis zu dem Zeitpunkte eingetreten, in welchem der Rücktritt des Verkäufers aus §§ 1 und 2 des RGes. dem Käufer zugeht, ist sonach nicht von diesem zu vergütigen, jene zufällige Wertsminderung hat vielmehr nach der Entstehungsgeschichte wie nach den Motiven des Reichsgesetzes der Verkäufer zu tragen.

β) Die zufällige Wertsminderung **nach dem Zeitpunkt**, in welchem die **Rücktrittserklärung** des Verkäufers aus §§ 1 und 2 des RGes. **dem** Käufer zugegangen, ist — da der Rücktritt den Vertrag ex tunc aufhebt — mithin eingetreten, wo ein Vertragsverhältnis zwischen Verkäufer und Käufer nicht mehr besteht..

Der zur Rückgewähr der Sache verpflichtete Käufer ist mithin infolge Empfangs der Rücktrittserklärung in Anbetracht des nunmehrigen Sachbesitzes nicht mehr im guten Glauben im Sinne des § 990 BGB., denn „er weiß oder kann nur aus grober Fahrlässigkeit nicht wissen", daß er im Verhältnis zum Verkäufer (der gemäß § 346 BGB. nach dem Rücktritt, auch dann, wenn er ausnahmsweise das Eigentum sich nicht vorbehalten, dem Eigentümer gleichsteht) „**zum Besitz** nicht mehr berechtigt ist" (vgl. RG. 56, 317), sobald die **Rückgewähr** desselben gemäß §§ 1 und 2 des RGes. erfordert ist.

Hieraus ergibt sich, daß mit dem Zeitpunkt, wo die Rücktrittserklärung des Verkäufers dem Käufer zugegangen ist, dieser für die nach jenem Zeitpunkt eingetretene zufällige Wertsminderung der Sache dann zu haften hat, wenn er mit der Rückgewähr der Sache in Verzug geraten ist, § 287 BGB., selbstverständlich dauert diese Haftung auch nach Klagezustellung fort, § 292 BGB.; vgl. das BGB. der RGR. A. 4 § 990.

Ein solcher Verzug der Rückgewähr der Sachen nach empfangener Rücktrittserklärung des Verkäufers kann aber auf seiten des Käufers erst dann eintreten, wenn er dem Verkäufer, der die Sachen aus der Wohnung des Käufers holen will (§ 269 BGB., vgl. S. 21 auch BGB. der RGR. A. 7 § 269) und die Rückzahlung der empfangenen Raten abzüglich der dem Verkäufer nach § 2 zustehenden Ersatzsummen anbietet, die Aushändigung der Sachen verweigert.

Diese Tatsachen insgesamt hat der Abzahlungsverkäufer zu beweisen, und dem gegenüber steht dem Abzahlungskäufer gemäß § 285 BGB. der Gegenbeweis offen, daß seinem geltend gemachten Rückgewährungsanspruch die angebotene Gegenleistung des Abzahlungsverkäufers nicht entsprochen hat.

Ein hierbei dem Abzahlungskäufer untergelaufener Rechtsirrtum geht zu seinen Lasten, befreit jenen sonach nicht von der Verpflichtung, eine nach der berechtigten Rücktrittserklärung des Abzahlungsverkäufers eingetretene zufällige Wertsminderung zu ersetzen, vgl. RG. 92, 80. Nur die erweislich unrichtige Berechnung der zu erstattenden Summe und daher das Angebot einer nach §§ 1 und 2 des RGes. zu niedrig bemessenen Summe der vom Verkäufer zurückzuzahlenden Abzahlungspreisraten (s. aber auch nachstehende Anm. 5 und 6) setzt den Käufer noch nicht in Verzug mit der Rückgewähr der Sache.

Die Entstehung des Zeitpunkts, von welchem ab eine zufällig eingetretene Wertsminderung der Sachen vom Käufer zu vergüten ist, erfordert somit den Nachweis des Empfanges der Rücktrittserklärung des Verkäufers und Verweigerung der Herausgabe der Sachen trotz Angebots der nach §§ 1 und 2 des RGes. vom Verkäufer Zug um Zug zu leistenden Summe in der Wohnung des Käufers. Folgt man aber der Ansicht des Reichsgerichts in den S. 21 erwähnten Entscheidungen Bd. 55, S. 113 und Bd. 57 S. 15 so hat jenes Angebot des Abzahlungsverkäufers gegen Rückerstattung der schon gezahlten Kaufpreisraten abzüglich der in § 1, § 2 des RGes. gedachten Beträge an dem Orte zu erfolgen, wo sich die Abzahlungssachen „zur Zeit des Rücktritts befinden", s. auch BGB. der RGR. Anm. 4 zu § 269 und die dort über die Erfüllung der sog. Zug um Zugleistungen erlassenen Entscheidungen des RG. 50, 270; 70, 199.

Auch unter diesen Voraussetzungen ist eine zufällige Wertsminderung der Sachen nach Rücktritt des Verkäufers nicht zu ersetzen, und zwar auf Grund des § 287 BGB. a. E., wenn jene Wertsminderung auch bei rechtzeitiger Rückgabe der Sachen eingetreten wäre.

k) **Einen Anspruch auf entgangenen Gewinn**, das sog. lucrum cessans, kann der rücktretende Verkäufer aus §§ 1 und 2 des RGes. niemals erheben. Die Vereinbarung einer bezüglichen Vertragsstrafe ist nichtig.

Der Verkäufer, der von dem Abzahlungsgeschäft zurücktritt, kann, eben weil er zurücktritt, nicht geltend machen, daß das vertragsmäßig vom Käufer erfüllte Geschäft ihm einen Gewinn gebracht hätte. Der Rücktritt gewährt vielmehr nur die vorbesprochenen Erstattungsansprüche der §§ 1 und 2 dem Verkäufer. Dies kann nach der Entstehungsgeschichte, s. StenBer. 2 S. 980, nicht zweifelhaft sein (s. auch Lazarus S. 82, Hausmann, A. 4 a. E.).

Anläßlich des Abschlusses eines Abzahlungsgeschäfts und eines Rücktritts von diesem seitens des Verkäufers kann dem letzteren aber ein Anspruch auf entgangenen Gewinn erwachsen, und zwar unter den soeben unter i besprochenen Voraussetzungen, unter denen Käufer nach Empfang der Rücktrittserklärung auch für die zufällig eingetretene Wertsminderung der Sache haftet.

Die Voraussetzungen eines solchen Anspruchs des Abzahlungsverkäufers auf ein lucrum cessans sind somit Verweigerung der Herausgabe der Sachen trotz Empfangs des Rücktritts seitens des Abzahlungskäufers in seiner Wohnung (bzw. an dem Orte, wo die Abzahlungssachen zur Zeit des Rücktritts des

Abzahlungsverkäufers sich befinden; s. Vorstehendes unter i β) trotz Angebots der nach §§ 1 und 2 zu berechnenden und richtig berechneten Rückerstattung der empfangenen Preisraten von seiten des Verkäufers.

Der Gegenstand dieses Anspruchs auf entgangenen Gewinn kann nur die Kaufsumme sein, die der Abzahlungsverkäufer im Falle rechtzeitiger Rückgabe der Sachen durch einen als konkret möglich nachweisbaren, durch den Verzug des Abzahlungskäufers vereitelten Weiterverkauf der Sachen erzielt hätte.

Der Grund dieses Anspruchs liegt in der Vorschrift des § 287 BGB., der auch den Verzug in Erfüllung gesetzlicher Verpflichtungen trifft, wie solche die §§ 1 und 2 des RGes. in Verbindung mit § 286 BGB. nach der Rücktrittserklärung des Verkäufers dem Käufer auferlegen.

5. a) **Streitig** ist, ob der Abzahlungskäufer bei Rücktritt des Abzahlungsverkäufers aus §§ 1 und 2 mit den empfangenen Sachen auch „**Früchte**" der Abzahlungssachen zurückzugewähren hat; vgl. Hausmann A. 4 § 2, Lazarus S. 102. Enneccerus-Kipp-Wolff führen in ihrem Lehrbuch des Bürgerlichen Rechts § 341 Anm. 6 aus: „Früchte sind für die Zeit vor dem Rücktritt nicht zu erstatten (und die gezahlten Kaufpreisraten für diese Zeit nicht zu verzinsen), beides abweichend von § 347 BGB."

In Betracht kommen hier aber „Früchte" in dem weiten Sinne des BGB., d. h. gemäß § 100 alle „Nutzungen", die bewegliche Sachen (nur diese können ja Gegenstand eines Abzahlungsgeschäfts sein) gewähren, da das BGB. den natürlichen die sog. juristischen Früchte gleichstellt.

Denn im § 100 heißt es: „Nutzungen sind die Früchte einer Sache oder eines Rechtes, sowie die Vorteile, welche der Gebrauch der Sache oder des Rechts gewährt".

Es frägt sich daher ob bzw. inwieweit im Falle einer Rücktrittserklärung des Abzahlungsverkäufers vom Abzahlungsvertrag der Abzahlungskäufer Nutzungen zu erstatten bzw. zurückzugeben hat, die er auf Grund des Abzahlungsvertrages gezogen, also z. B. die Einnahmen zu gewähren hat, die er aus einem auf Abzahlung empfangenen vollen Warenautomat erzielt, oder ein Junges auszuhändigen hat, das von einer auf Abzahlung verkauften Kuh geworfen ist.

Die Frage ist verschieden zu entscheiden, je nachdem Nutzungen der Abzahlungssachen vor oder nach der Rücktrittserklärung des Abzahlungsverkäufers gewonnen sind.

Die bis zur **Rücktrittserklärung** gezogenen (vgl. § 101 BGB.) Nutzungen der Abzahlungssachen behält der Abzahlungskäufer. Denn der Abzahlungsverkäufer erhält ja gemäß § 2 des RGes. für die Überlassung des Gebrauchs oder der Benutzung (unter letzterer ist nach der Entstehungsgeschichte die

„überlassene Nutzung" zu verstehen) bis zur Rücktrittserklärung, deren Wert.

Die nach der Rücktrittserklärung aber gezogenen Nutzungen sind, falls der Rücktritt berechtigt, widerrechtlich von dem Abzahlungskäufer als Besitzer der Abzahlungssachen gezogen und daher der Regelung des § 987 BGB. unterstellt.

Die Nutzungen nach jenem Rücktritt sind daher vom Abzahlungskäufer, soweit vorhanden, zurückzugeben, soweit nicht vorhanden, vollwertig zu ersetzen, und soweit jene Nutzungen ordnungsmäßig erzielbar waren, aber nicht gewonnen sind, ist ihr Wert vom Abzahlungskäufer zu ersetzen.

Eine Verminderung der Summe aller zu erstattenden Nutzungswerte wird gemäß § 102 BGB. bewirkt, und zwar um die Summe der Kosten, die auf die Gewinnung der Früchte verwendet sind.

b) **Die Leistung, welche dem aus §§ 1 und 2 zurücktretenden Verkäufer dem Käufer** gegenüber obliegt, kann stets nur in einer Geldsumme bestehen.

Das Aufkommen und die Höhe einer solchen Summe hängen davon ab, ob von der Gesamtsumme der vom Käufer gezahlten Abzahlungsraten nach Abzug der Entschädigungssummen des § 2 einschließlich der vom Käufer — nach dem Rücktritt des Abzahlungsverkäufers zu erstattenden Wertsummen für Nutzungen (vorstehend a) noch eine Restsumme rechnerisch übrig bleibt.

Eine Erhöhung dieser dem Käufer nach §§ 1 und 2 des RGes. zukommenden Summe hat zugunsten des letzteren einzutreten infolge von:

a) Aufwendungen des Käufers auf die zurückzugebenden Sachen. Der § 347 in Verbindung mit § 994 Abs. 1 u. 2 BGB., die durch die §§ 1—2 des AbzGes. nicht geändert, begründen auch hier den Eintritt wie den Umfang des Rechts des Käufers auf Erstattung jener Verwendungen und damit die Verpflichtung des Verkäufers zur Erstattung jener Verwendungen.

Eine Unterscheidung, wie sie hier Lazarus S. 103 macht: „Zwischen Verwendungen, deren Erstattung Käufer auch bei Fortbestand des Vertrags verlangen kann, und solchen, bei denen dies nicht der Fall", mit der Wirkung, daß „betreffs der ersteren durch den Rücktritt vom Vertrage nichts geändert werde und sie deshalb erstattungsfähig bleiben, soweit sie es früher blieben"; während für alle übrigen Verwendungen, „die der Käufer im eigenen Interesse gemacht, insoweit Ersatz zu leisten wäre, als sonst der Verkäufer bereichert würde" ist hier ebenso willkürlich wie rechtsirrtümlich.

Dasselbe trifft auf die Annahme Hausmanns A. 11 § 2 zu, der Aufwendungen des Käufers als erstattungsfähig erachtet, „soweit die Sache dadurch wertvoller geworden".

Nach § 347 in Verbindung mit § 994 Abs. 1 BGB., § 2 Abz.-Ges. hat der Abzahlungskäufer seit „Empfang" der Sachen bis zur

Rücktrittserklärung des Abzahlungsverkäufers (auch dann, wenn er ausnahmsweise sofort das Eigentum der Sachen erhalten, dieses mithin nicht vorbehalten ist) einen Anspruch auf Erstattung aller bisherigen Verwendungen, die nicht gewöhnliche Erhaltungskosten sind. Nach der Rücktrittserklärung ist durch § 347 in Verbindung mit § 994 Abs. 2 BGB. dem Käufer ein Erstattungsanspruch nur für diejenige Verwendung gewährt, die einem Geschäftsführer ohne Auftrag die §§ 683, 670, 684 BGB. gewähren. Die §§ 683, 670 begründen somit einen Anspruch des Käufers auf Erstattung von Aufwendungen nur unter der Bedingung, daß sie als dem wirklichen oder mutmaßlichen Willen des Verkäufers entsprechend gemacht sich darstellen. Der § 684 (§ 996) BGB. gewährt einen unbedingten Anspruch auf Erstattung gemachter Aufwendungen dem Käufer nur insoweit, als durch jene eine Bereicherung des Verkäufers entsteht. Instandsetzungs- oder Erhaltungskosten der Sache, die der Käufer nach der Parteiabsicht, während der Dauer des Vertrags stets zu tragen hat, können somit nach Aufhebung desselben teils nicht, teils bedingt nach § 683, teils unbedingt nach § 684 erstattungsfähig sein. Zinsen von den Aufwendungskosten kann der Käufer nur verlangen nach Maßgabe des § 256 a. E. BGB.

Über das jus tollendi, also das Recht zur Wegnahme der mit den zurückzugebenden Abzahlungssachen verbundenen Gegenstände, entscheidet auch hier § 997 BGB.

Aufwendungen von Versicherungsprämien für die Sachen, also die Zahlung der Versicherungsprämien aus einem Versicherungsvertrage, den der Käufer rücksichtlich der Sachen abgeschlossen, sind nicht Aufwendungen, die auf, sondern für die Sachen gemacht sind, und daher dem Käufer nicht zu erstatten.

Über eine vertragsmäßig durch den Käufer übernommene Verpflichtung zur Versicherung der ihm übergebenen Sachen und die Erstattung der auf Grund jener Vereinbarung mit dem Verkäufer vom Käufer gezahlten Versicherungsprämien s. u. S. 62/63.

β) Ein Anspruch auf Zinsen von den einzelnen gezahlten, nach §§ 1 und 2 ihm zurückzuzahlenden Preisraten steht dem Käufer nicht zu. Die Vorschrift im letzten Satz des § 347 BGB. („Eine Geldsumme ist von der Zeit des Empfanges an zu verzinsen") ist auf die Rückgewähr der aus einem Abzahlungsgeschäft empfangenen Geldsumme in Gemäßheit der §§ 1 und 2 nicht anwendbar. Im § 347 entspricht die Verzinsungspflicht der empfangenen Geldsummen der Vergütungspflicht des vollen Benutzungswerts empfangener Sachen; nach den §§ 1 und 2 zit. ist regelmäßig (vgl. S. 34) nur der verkehrsübliche Mietpreis für die Sachbenutzung zu gewähren; dieser darf vertragsmäßig im Abzahlungsvertrag nicht erhöht werden (s. folgende Anm.).

Die Benutzungswertssumme in den Fällen der §§ 346, 347 zit. ist vertraglich frei bestimmbar.

Die vorerwähnte Auslegung vertritt auch Lazarus S. 103, 104, der zutreffend hier darauf hinweist, daß der Gesetzgeber, falls er dem rücktretenden Verkäufer eine Verzinsung empfangener und zurückzuzahlender Preisraten hätte auferlegen wollen, dies bei der eingehenden Regelung der Rücktrittsentschädigung in den §§ 1 und 2 des RGes. zum Ausdruck gebracht hätte.

Und ebenso wird von Enneccerus-Kipp-Wolff Anm. 6 zu § 341 dargelegt: „Die gezahlten Kaufpreisraten sind für die Zeit vor dem Rücktritt nicht zu verzinsen, abweichend von § 347 BGB."

Selbstverständlich hat aber der Abzahlungsverkäufer, wenn er nach dem von ihm erklärten Rücktritt, trotz Angebots der zurückzugebenden Abzahlungssachen seitens des Abzahlungskäufers mit der Zahlung der nach § 1, § 2 des AbzGes. zurückzuzahlenden Preisratensumme in Verzug gerät, von da an jene zu verzinsen. § 288 BGB.

Umgekehrt kann aber dem Abzahlungskäufer eine Verzinsungspflicht in dem Ausnahmefall obliegen, wo die Summe der vom Abzahlungsverkäufer zurückzuzahlenden Preisratenbeträge geringer sein sollte, als die Summe der vorstehenden Erstattungsansprüche des Abzahlungsverkäufers aus § 2. Die danach sich ergebende Differenzsumme, deren Zahlung dem Abzahlungskäufer obliegt, ist dann von ihm zu verzinsen vom Zeitpunkte seines Verzuges.

6. Die Vorschriften im § 1 Abs. 1 letzter Satz und im § 2 Abs. 1 letzter Satz, die den Bestimmungen dieser beiden Paragraphen entgegenstehende Vereinbarungen für nichtig erklären, besagen in wechselseitiger Ergänzung für den Fall des Rücktritts des Abzahlungsverkäufers wegen der Verletzung von Vertragspflichten seitens des Abzahlungskäufers:

Allgemein inhaltlich:

Im Falle jenes Rücktritts des Abzahlungsverkäufers ist dieser wie der Abzahlungskäufer unbedingt verpflichtet, die je empfangenen Leistungen zurückzugewähren. § 1 Abs. 1 letzter Satz.

Die früher gerade bei Abzahlungsgeschäften beliebte sog. Verwirkungsklausel ist damit beseitigt. Ausgeschlossen ist sonach jede Vertragsabrede, die den Verkäufer im Falle des vorerwähnten Rücktritts berechtigen sollte, vom Käufer empfangene Leistungen als „verwirkt" zu behalten.

Im Falle des Rücktritts des Verkäufers wegen Nichterfüllung von Vertragsverpflichtungen seitens des Käufers ist der Verkäufer berechtigt, von der Summe der von ihm zurückzugewährenden Leistung die Entschädigungssummen, die § 2 Abs. 1 zubilligt, zu kürzen, und soweit diese Summen höher, als die empfangenen Abzahlungsraten sind, den Mehrbetrag jener Summen vom Käufer zu erfordern.

Höhere oder andere Entschädigungen, als § 2 Abs. 1 festlegt, dürfen durch eine Vertragsabrede nicht festgesetzt werden. § 2 Abs. 1 letzter Satz.

Die Nichtigkeit, die in den §§ 1 und 2 rücksichtlich aller diesen Paragraphen widersprechenden Vereinbarungen ausgesprochen wird, ist nur eine relative. Es ergibt sich dies aus der klaren Erklärung der Motive: „Das Gesetz muß sich darauf beschränken, bestimmten Abreden die Wirksamkeit zu versagen." Gl. A. Hausmann A. 15 § 1, A. 9 § 2, Schmitt S. 48, 49, 61; a. M., ohne ausreichende Begründung, Fuld S. 20.

Ein Abzahlungsvertrag, der die Rückgewährung der empfangenen Leistungen und die Entschädigung des Verkäufers für den Fall des Rücktritts desselben aus § 1 den Vorschriften dieses § 1 und des § 2 zuwider festsetzt, bleibt somit in Rechtsgültigkeit, nur die gesetzwidrigen Vertragsfestsetzungen sind nichtig.

An die Stelle der letzteren treten daher ohne weiteres die gesetzlichen Vorschriften des §§ 346 ff. BGB., soweit diese, wie vorstehend (vgl. S. 52 u. f.) dargelegt, mit der Rechtsgestaltung des Abzahlungsvertrags in den §§ 1 und 2 vereinbar sind.

Denn das Reichsgesetz hat eben insoweit die übrigen Einzelvorschriften des Bürgerlichen Rechts über den Vertragsrücktritt nicht geändert.

Hieraus ergibt sich:

7. Der Kreis, der infolge der Nichtigkeitsvorschrift der §§ 1 und 2, nicht abweichend von den gesetzlichen Vorschriften, zu ungunsten des Käufers vereinbarten Festsetzungen umfaßt,

a) wie die vorstehenden Anmerkungen zeigen, insbesondere:

α) die Festsetzungen über den Ersatz von Aufwendungen des Verkäufers infolge des Vertrags; s. über die hierbei aufgetauchten Fragen über den Ersatz der Herstellungskosten, der Provisionen, der Transportkosten, der Verpackungs- und Aufstellungskosten, der Stempel- und Prozeßkosten S. 36—40.

β) die Festsetzungen über den Ersatz von Beschädigungen; über die hier streitigen Fragen betreffend den Ersatz für Untergang, Verschlechterungen s. S. 40—43;

γ) die Festsetzungen des Ersatzes für Gebrauch oder Benutzung; über die hierbei zu entscheidenden Fragen über den Umfang der Entschädigung, über entgangenen Gewinn, über Ersatz von Früchten s. S. 43 u. f.;

δ) die Festsetzungen über die Übernahme der Gefahr des zufälligen Untergangs der Sachen.

In Wiederholung des bereits S. 22, 43, 53. Dargelegten sei auch hier rücksichtlich der Gefahrübernahme hervorgehoben: mit der Entscheidung in der Rechtsprechung der Oberlandesgerichte 24, 321 ist anzunehmen:

Der gewöhnliche Abzahlungsvertrag behält dem Verkäufer das Eigentum der veräußerten Sachen bis zur Vollzahlung der Preisraten vor.

Die Gefahr zufälligen Untergangs trägt daher der Verkäufer als Eigentümer. Eine Vereinbarung, die diese Gefahr dem Käufer aufbürdet, ist nach §§ 1 und 2 nichtig, da sie zur Folge hätte, daß der Käufer im Falle eines Rücktritts des Verkäufers aus § 1 vom Zeitpunkte des zufälligen Untergangs der Sache, die Leistung der seitdem fälligen Preisraten zu machen hätte, ohne eine Gegenleistung empfangen zu haben.

Denn das vorbehaltene Eigentum der Sachen gelangt zwar mit der Erfüllung der aufschiebenden Bedingung der Vollzahlung aller Raten ohne weiteres (vgl. S. 43) an den Käufer, trotzdem liegt bis zu diesem Zeitpunkt dem Verkäufer die Vertragsleistung fortgesetzter Besitzgewährung ob (s. S. 43).

Diese Rechtslage ändert sich jedoch mit dem Zeitpunkt, wo eine Rücktrittserklärung des Verkäufers dem Käufer zugegangen und dieser in Verzug mit der Rückgabe der Sachen gerät.

Von diesem Zeitpunkt an ist der Abzahlungskäufer nicht mehr gutgläubiger Besitzer der Sachen und daher als solcher gemäß §§ 346, 287, 990, Abs. 2 BGB. verpflichtet, die Gefahr des zufälligen Untergangs der Sachen zu tragen (vgl. S. 55).

Eine Vereinbarung, die dem Käufer die Verpflichtung zur Tragung der Gefahr zufälligen Sachuntergangs von jenem Zeitpunkt ab auferlegt, ist daher zulässig, denn sie spricht einfach eine gesetzliche Folge ausdrücklich aus.

Der ungewöhnliche Abzahlungsvertrag, in welchem das Eigentum der veräußerten Sachen dem Verkäufer nicht vorbehalten, dem Käufer vielmehr sofort übertragen ist, überbürdet diesem als Eigentümer die Gefahr zufälligen Untergangs der Sachen.

In solchem Falle hat der Abzahlungsverkäufer nur wie jeder Verkäufer für Nichteviktion infolge eines Mangels im Recht für Sachmängel zu haften. Eine Vereinbarung in einem solchen Abzahlungsvertrage, die dem Käufer der Verpflichtung zur Tragung der Gefahr bei zufälligem Sachuntergang auferlegt, würde somit lediglich die ausdrückliche Erwähnung einer gesetzlichen Vertragsfolge aussprechen und daher eben gültig sein.

Für den gewöhnlichen wie den ungewöhnlichen Abzahlungsvertrag bewirkt der zufällige Untergang der übergebenen Sache, soweit dieser nach Vorstehendem zu Lasten des Abzahlungskäufers geht, daß ein Rücktritt des Abzahlungsverkäufers wegen Nichterfüllung der Vertragsverpflichtungen auf seiten des Käufers im Sinne des § 1 des RGes. unmöglich geworden. Der Käufer kann die Sachen nicht mehr zurückgeben, der Verkäufer ist, unter der Beschränkung des § 4 Abs. 2 RGes., zur Forderung sämtlicher rückständiger Preisraten berechtigt; vgl. auch S. 42!

Noch unerwähnt ist in den bisherigen Anmerkungen die Frage:

b) Ist **die Vereinbarung einer Verpflichtung des Käufers, die übergebenen Sachen gegen Feuersgefahr oder ähnliche Schäden** zu versichern, rechtsgültig treffbar? Die rechtlichen Gesichtspunkte für die Beantwortung der Frage sind bei dem gewöhnlichen und dem ungewöhnlichen Abzahlungsvertrag nicht gleichliegend.

Bei dem gewöhnlichen Abzahlungsvertrag mit dem Eigentumsvorbehalt des Abzahlungsverkäufers trägt dieser, wie erwähnt, als Eigentümer die Gefahr zufälliger Beschädigung wie zufälligen Untergangs der Sachen.

Solche Gefahrsschäden zu beseitigen ist der Endzweck jedes Versicherungsvertrags; der Abschluß des letzteren seitens des Abzahlungskäufers auf Grund einer Verabredung mit dem Abzahlungsverkäufer würde diesem somit einen Schadenersatz gewähren, entgegen den Vorschriften der §§ 1 und 2 des RGes. in Verbindung mit §§ 989, 990 BGB. (vgl. S. 42).

Nach den Vorschriften dieser Paragraphen ist jene Vereinbarung daher im gewöhnlichen Abzahlungsvertrag nichtig; sie ist es aber auch aus einem Grunde, der für den ungewöhnlichen Abzahlungsvertrag zwar ausschließlich, aber entscheidend vorliegt.

Bei dem ungewöhnlichen Abzahlungsvertrag mit sofortigem Eigentumserwerb an den übergegebenen Sachen durch den Abzahlungskäufer bewirkt der letztere durch Abschluß eines Versicherungsvertrags zwar seine eigene Sicherung gegen die Untergangs- oder Beschädigungsgefahr seiner Sachen.

Durch diese Sicherung wird aber zugleich die Sicherung des Abzahlungsverkäufers auf Zahlung der Kaufpreisraten erhöht, und wenn diese auch zunächst nur eine mittelbare ist, so würde doch, falls die Verpflichtung des Käufers zum Abschluß eines Versicherungsvertrags rechtsgültig zulässig wäre, die Verletzung jener Vertragspflicht dem Verkäufer ein Rücktrittsrecht aus § 1 des RGes. gewähren. Der Verkäufer würde somit bei Zulässigkeit jener Abrede das Recht erwerben, den Käufer nicht nur zum Abschluß des Versicherungsvertrags, sondern auch zur fortgesetzten Zahlung der Versicherungsprämien zu nötigen und an die Unterlassung dieser Aufwendungen ein Vertrags-Rücktrittsrecht knüpfen können, ohne daß dem Käufer das Recht zustehen würde, wenigstens die Erstattung der bereits gezahlten und nunmehr von ihm nutzlos gezahlten Versicherungsprämien vom Verkäufer zu erfordern. Es würden somit Leistungen des Käufers, die infolge Rücktritts des Verkäufers nunmehr ausschließlich für diesen geleistet worden, von diesem doch nicht zurückzugewähren sein, obschon der Verkäufer vertraglich ein Recht auf jene Leistungen, die Zahlung der Versicherungsprämien durch den Käufer, hätte. Dies ist mit § 1 des RGes. unvereinbar und steht im Widerspruch mit der in den Motiven ausdrücklich festgelegten Regel: „Auf die Ansprüche des § 2 ist der Verkäufer beschränkt, eine abweichende Vereinbarung über eine weitergehende Haftung des Käufers für Beschädigungen ist nichtig."

Für den ungewöhnlichen Abzahlungsvertrag und, da der eben gedachte rechtliche Gesichtspunkt in gleicher Weise für den gewöhnlichen Abzahlungsvertrag zutrifft, auch bei diesem, ist daher eine Vertragsbestimmung über Abschließung eines Versicherungsvertrags durch den Käufer nach §§ 1 und 2 des RGes. nichtig.

In der Literatur wird unter Verkennung der vorstehenden Gesichtspunkte von Hausmann A. 6[5] zu § 2 die Nichtigkeit jener Vereinbarung unter unbegründet gebliebener Einschränkung, nur für den Fall vertreten, daß der Nachteil aus der Unterlassung der Versicherung den Verkäufer — was die Regel sein werde — treffe. Lazarus setzt S. 74 ohne Begründung die Rechtsgültigkeit der vorerwähnten Vertragsabrede voraus, Schmitt S. 61 bejaht die Rechtsgültigkeit der mehrerwähnten Vertragsabrede ohne Prüfung der vorstehend gezeigten Folgen einer Rechtsgültigkeit jener Abrede, weil durch die Vereinbarung der Käufer für den Fall des Rücktritts keine höhere Haftung übernehme.

Gegen die vorstehenden Darlegungen hat sich Korsch in der JW. 1912 S. 230 gewendet; „die rechtlichen, sozialen und wirtschaftlichen Erwägungen“, die Korsch anführt, sowie seine Annahme, „es käme jedenfalls eine zweckentsprechende Versicherung beiden Teilen meist gleichmäßig zu Gute“ widerlegen aber — wie ohne weiteres ersichtlich — nicht die vorgedachten Rechtsfolgen: wäre eine Vertragspflicht des Abzahlungskäufers zur Versicherung der Abzahlungssachen zulässig, so würde eine Verletzung jener Vertragspflicht dem Abzahlungsverkäufer ein Rücktrittsrecht geben, das nach § 2 nicht gewährt ist.

8. **Die Rechtsgültigkeit nachträglicher Vereinbarungen**, insbesondere des gerichtlichen Vergleichs zwischen Abzahlungsverkäufer und Abzahlungskäufer nach der Rücktrittserklärung des Verkäufers, sowie nach der Klageerhebung, bildet einen ferneren Streitpunkt, den nur die Gesetzesfassung der §§ 1 und 2 in Verbindung mit den Motiven entscheiden kann.

Diese besagen, zuvörderst zu dem Gesetzesverbot: für den Rücktritt des Verkäufers aus § 1 des RGes. die beiderseitige Zurückgewährung der empfangenen Leistungen den §§ 1 und 2 nichtentsprechend zu vereinbaren:

„Wird dagegen nach Ausübung des Rücktrittsrechts über die Höhe der Vergütung eine Einigung erzielt, so hat es dabei sein Bewenden.“

Die Tragweite dieser Erklärung erhellt aus dem Wesen und der Wirkung einer Rücktrittserklärung. Diese hebt (vgl. S. 16) einen geschlossenen Vertrag mit obligatorischer Wirkung ex tunc auf. Die Worte der Motive „nach Ausübung des Rücktrittsrechts“ bringen sonach zum Ausdruck: Die Festsetzung einer Vergütung ist freier Parteivereinbarung nur dann unterstellt, wenn diese Vereinbarung in einem Zeitpunkt getroffen wird, wo der bisher bestandene Abzahlungsvertrag infolge Rücktritts des Verkäufers bereits zur Aufhebung gelangt ist.

Hieraus ergibt sich:

a) **Unzulässig** sind nachträgliche Vergütungsabreden, die nach Eintritt einer Säumnis des Käufers in Erfüllung seiner Vertragspflichten getroffen werden, ohne daß der Verkäufer seinen Rücktritt erklärt hat. Da dieser fehlt, besteht der Abzahlungsvertrag noch zwischen den Parteien mit den Nichtigkeitsverboten der §§ 1 und 2. Aus diesem Grunde sind unzulässig auch nachträgliche Vergütungsabreden, „um den Rücktritt zu vermeiden", was Lazarus S. 110 infolge der Nichtberücksichtigung des vorerwähnten Gesichtspunkts annimmt.

Nachträgliche Vergütungsabreden nach Rücktrittserklärung des Verkäufers zerfallen in zwei verschiedene Arten.

Da die Rücktrittserklärung, wie erwähnt, einen geschlossenen Abzahlungsvertrag mit obligatorischer Wirkung ex tunc, — d. h. rückwirkend vom Zeitpunkt des Vertragsabschlusses ab — aufhebt, so kann eine Beseitigung des Rücktritts nur durch Neuvereinbarung des aufgehobenen Abzahlungsvertrags jedoch mit Wirkung ex nunc — d. h. von nun erst an — oder ex tunc geschlossen werden.

Wird nun die Neuvereinbarung des aufgehoben gewesenen Vertrags ex tunc also von dem Zeitpunkt des Abschlusses des letzteren ab verabredet, dann ist rechtlich der alte Abzahlungsvertrag ex tunc von neuem in Kraft gesetzt. Die für ihn fortgesetzt gültig gebliebenen Nichtigkeitsverbote der §§ 1 und 2 verbieten daher jede diesen Paragraphen widersprechende nachträgliche Vergütungsabrede.

Wird die Neuvereinbarung des aufgehoben gewesenen Vertrags ex nunc verabredet, dann können über die bis zum Zeitpunkt jener Neuvereinbarung bereits entstandenen (!) wechselseitigen Ansprüche nachträgliche Vergütungsabreden rechtsgültig getroffen werden, denn jene Ansprüche unterstehen nicht mehr dem aufgehobenen alten Vertrag, auch nicht dem neuen Vertrag.

Dagegen können von den §§ 1 und 2 abweichende Vergütungsabreden für den Zeitraum vom Abschluß der Neuvereinbarung ab nicht rechtsgültig vereinbart werden, da der neu vereinbarte Abzahlungsvertrag von seinem Beginn an den §§ 1 und 2 untersteht.

Nur nachträgliche Vergütungsabreden nach **endgültiger** Aufhebung des Abzahlungsvertrags durch Rücktritt aus § 1 oder infolge freier Vertragsabrede unterliegen sonach keiner der gesetzlichen Beschränkungen des Abzahlungsgeschäfts (s. auch S. 77 A. 10 zu § 4). Gl. A. Hausmann A. 8 § 2, Jastrow im Arch. f. soz. Gesg. 7, 290.

b) **Nach Klagezustellung** kommen hier die Abreden in einem gerichtlichen **Vergleich** in Betracht, mit Vereinbarungen, wie sie vorstehend unter a aufgeführt sind. Diese Abreden unterliegen denselben soeben unter a dargelegten Grundsätzen:

Ein gerichtlicher (wie außergerichtlicher) Vergleich über rückständige Vertragsleistungen des Käufers unter fernerer Aufrechterhaltung des bisherigen Abzahlungsvertrags veranlaßt — was vielfach übersehen wurde — zwei verschiedenartige, nebeneinander bestehende Verpflichtungen des Abzahlungskäufers: die Vergleichsverpflichtungen, die, da sie auf einer nachträglich abgeschlossenen Abrede über Rückstände beruhen (vorstehend S. 65 unter a), von den Bestimmungen des Reichsgesetzes befreit sind, und daneben die, vom Vergleichsabschluß ab weiter laufenden, ursprünglichen Abzahlungsvertrags-Verpflichtungen, die den Beschränkungen des Reichsgesetzes weiter unterliegen.

Dies beeinflußt hier die Anwendbarkeit des § 2 des RGes., wie sich an einem in der Praxis sehr häufigen Fall leicht erkennen läßt, je nachdem der Vergleich nach einer Rücktrittserklärung des Abzahlungsverkäufers vom Abzahlungsvertrag oder ohne eine erfolgte Rücktrittserklärung geschlossen ist.

α) Wird nach Rücktritt des Abzahlungsverkäufers ein Vergleich geschlossen: der Käufer hat die rückständige Ratensumme von z. B. 60 Mark in Wochenraten von 5 Mark zu zahlen, bei Ausbleiben einer Rate aber die Sachen herauszugeben, neben jenen Raten sind noch die seit Vergleichsabschluß fällig werdenden Vertragsraten an den, für diese im neu bestätigten Abzahlungsvertrag festgesetzten Terminen vom Käufer zu zahlen, so ergibt sich folgendes:

Bleibt der Käufer nun mit Zahlung einer Vergleichsrate im Rückstand, so wird der Verkäufer auf Grund des Vergleichs berechtigt, nunmehr die Herausgabe der Sachen zu fordern, ohne seinerseits verpflichtet zu werden, die seit Vergleichsabschluß vom Käufer weiter gezahlten Vertragsraten gemäß § 2 des RGes. Zug um Zug zurückzuzahlen.

In einem solchen Falle bleibt daher dem Käufer nur das Recht, sobald der Verkäufer die Sachen auf Grund des Vergleichs an sich genommen (§ 5 des RGes.), die sämtlichen gezahlten Vergleichsraten aus § 346 BGB., die übrigen auf Grund der §§ 1 und 2 des RGes. in Verbindung mit § 812 BGB. durch selbständige Klage zurückzufordern. Die Summe dieses Rückforderungsanspruchs ist nur um die Beträge der Aufwendungs, Beschädigungs- und Gebrauchs- oder Benutzungsansprüche des Verkäufers nach Maßgabe des § 2 des RGes. zu kürzen, und zwar so wie in dem Falle, wo ohne vorherigen Abschluß eines Vergleichs ein Vertragsrücktritt des Verkäufers erfolgt; vgl. S. 42 ff.

Die Mitwirkung des Richters, wie die dadurch entstehende Vollstreckbarkeit des Vergleichs verändert den diesem innewohnenden materiellen Inhalt einer Parteivereinbarung nicht.

β) Ist aber ein Rücktritt des Abzahlungsverkäufers vor einem Vergleichsabschluß nicht erfolgt, so ist jede Feststellung einer den §§ 1 und 2 nicht entsprechenden Vergütungsabrede nichtig, sowohl betreffs der Rückstände, wie rücksichtlich der erst zukünftig fällig werdenden Preisrate.

γ) **Wird trotz bereits erfolgten Rücktritts dieser im Vergleich „zurückgenommen"**, so ist dies nur durch Neuvereinbarung eines Abzahlungsvertrags möglich. Vgl. RG. 66, 432.

Soll diese Neuvereinbarung den alten Abzahlungsvertrag ex tunc aufrecht erhalten, so ist jede den §§ 1 und 2 nicht entsprechende Vergütungsabrede unzulässig.

Wird durch die Neuvereinbarung der alte Abzahlungsvertrag ex nunc inhaltlich wieder hergestellt, so sind Vergütungsabreden über die bis dahin bereits entstandenen wechselseitigen Ansprüche unbeschränkt zulässig, über die erst weiterhin entstehenden Ansprüche nur unter den Voraussetzungen der §§ 1 und 2 zulässig.

δ) **Eine Verzögerung der Ausübung des Rücktritts** seitens des Abzahlungsverkäufers berechtigt auch hier (vgl. S. 19) den Abzahlungskäufer, dem ersteren gemäß § 355 BGB. eine Frist zur Ausübung des Rücktritts zu setzen; der letztere erlischt nach fristlosem Fristablauf.

Eine Schwierigkeit entsteht hier denjenigen, die einen bedingten Rücktritt als möglich und deshalb einen Klageanspruch für zulässig erachten, der in erster Linie Zahlung der rückständigen Vertragsraten begehrt, im Unvermögensfalle aber Rückgabe der übergebenen Sache seitens des Käufers unter Rückgewähr der gezahlten Raten, abzüglich der Vergütungssumme des § 2 seitens des Verkäufers, erfordert; vgl. S. 18.

Entsprechend der unzulässigen Annahme (Gl. A. BGB. der RGR. A. 7 § 157) eines bedingten Widerrufs kommt Lazarus S. 104 zu der willkürlichen, eine Rücktrittserklärung völlig verkennenden Folgerung:

Die Benutzungsvergütung laufe während des Prozesses fort. Während z. B. die Klage auf 40 M. rückständigen Preises, ev. auf Herausgabe des entnommenen Tisches gegen Rückzahlung von 20 M. lautete, könne der Klageantrag später auf Zahlung von 80 M. ev. auf Herausgabe des Tisches ohne Rückzahlung erhöht und demgemäß ein Vergleich geschlossen werden. Dies widerspricht dem Wesen des Rücktritts (s. S. 16 l).

Noch weiter geht Jastrow im Arch. f. soz. Ges. 7, 287. Derselbe hält, wie eine Verurteilung, so auch einen Vergleich für zulässig, der dahin geht, daß der Beklagte zur Herausgabe der empfangenen Sache gegen Rückzahlung einer bestimmten Summe, z. B. von 20 M., gehalten ist, jedoch mit der Zusatzfeststellung, daß diese Summe für jede seit dem Urteil verlaufende Woche um eine im Urteil zugleich festzusetzende Summe, z. B. um 3 M., als Benützungsvergütung sich mindern soll.

Das Bedenken, das Lazarus (S. 105) hiergegen erhebt, es könne hier die Verurteilung zur Leistung Zug um Zug, Zahlung der Vergütung gegen Gewährung der Benutzung nicht erfolgen, weil der Verkäufer hier, wie bei der Miete, vorzuleisten habe, ist schon voll begründet. Der § 259 ZPO., dessen Voraussetzungen infolge Säumnis des Käufers mit Zahlung der Abzahlungsraten noch nicht vorliegen, ergibt die Zulässigkeit jener Verurteilung noch nicht; vgl. RGE. 61, 333.

Die Unzulässigkeit der Jastrowschen Auffassung ergibt sich vor allem aus dem materiellrechtlichen Grunde der Unzulässigkeit einer unbedingt festen Vergütungssumme für die Zukunft, denn deren Höhe ist nach § 2 des RGes. von dem Zustand der Sachen im Zeitpunkt der Rückgabe abhängig; zufällige Beschädigungen oder Vernichtungen der Sachen zwischen dem Zeitpunkte des Vergleichs und dem der Rückgabe, die der Käufer nicht zu tragen hat (s. S. 22), können die Befreiung des letzteren von jeder Vergütungszahlung im Zeitpunkt der Rückgabe bewirken. Vergleiche vorerwähnten Inhalts sind somit gesetzlich gemäß §§ 1 und 2 des RGes. zulässig.

Gesetzlich unzulässige Vergleiche hat aber der Richter selbst unter Zustimmung der Parteien nicht aufzunehmen, wie auch die Mehrzahl der Schriftsteller trotz der Verschiedenheit ihrer sonstigen Ansichten mit Recht annimmt (Hein, S. 86), denn:

Die zwingend gesetzlichen Vorschriften, daher auch den §§ 1 und 2 des RGes. widersprechende Vergleiche können von einer Vertragspartei angefochten werden, vgl. RG. 37, 416 f.

ı) **Eine fernere**, im Abzahlungsgewerbe und in der Gerichtspraxis oft wiederkehrende und sehr streitige **Vertragsabrede, den Abschluß mehrerer Abzahlungsverträge** zwischen denselben Parteien betreffend, ist hier zu erwähnen.

In den Vertragsformularen findet sich oft folgende Vertragsbestimmung (vgl. Hein S. 89), die mitunter auch für Vergleiche erstrebt wird:

„Falls Käufer in Zukunft auf einen anderen Vertrag noch weitere Waren mit Eigentumsvorbehalt entnimmt, so werden die von da ab geleisteten Zahlungen

a) (entweder lautet es weiter:)
ausschließlich erst auf den späteren Vertrag bis zu dessen gänzlicher Erfüllung verrechnet, und bleiben die Gegenstände auch dieses Vertrags bis zur Vollzahlung der Raten auf alle Gegenstände sämtlicher Verträge Eigentum des Verkäufers;

b) (oder es lautet weiter:)
auf die Raten sämtlicher Verträge gleichmäßig verrechnet und bleiben die Gegenstände auch dieses Vertrags bis zur Berichtigung der Raten aller Verträge Eigentum des Verkäufers.“

c) (oder es lautet neuerdings auch:)
entnimmt der Käufer später noch weitere Waren auf Verträge

mit Eigentumsvorbehalt, so bleibt es dem Verkäufer überlassen, auf welchen Vertrag er die vom Käufer geleisteten Zahlungen verrechnen will und es sollen jedenfalls sämtliche Gegenstände aller abgeschlossenen Verträge so lange Eigentum des Verkäufers bleiben, bis die Gesamtschuld aus denselben voll bezahlt ist."

Was zuvörderst die unter c gedachte Abrede betrifft, so erscheint dieselbe zweifellos als gegen § 138 BGB. verstoßend und daher nichtig.

Es verstößt zweifellos „gegen die guten Sitten", einen Käufer, der genötigt ist, von seinem Verkäufer durch wiederholten Abschluß von Abzahlungsverträgen Kredit zu erbitten, der regelmäßig durch eine höhere als die übliche Berechnung des Abzahlungskaufpreises abgegolten wird, völlig der willkürlichen Entscheidung des Verkäufers darüber auszuliefern, ob, wann und wie der Abzahlungskaufpreis des ältesten Abzahlungsvertrages als beglichen anzusehen sein wird.

Was die unter a und b vorstehend erwähnten Abreden betrifft, so war in der ersten Auflage des vorliegenden Kommentars ausgeführt worden:

„In einer von Hein S. 91 erwähnten gerichtlichen Entscheidung sind Abreden, wie die vorstehend unter a und b gedachten auf Grund des § 138 Abs. 1 BGB. als nichtig erklärt worden; „es müsse als gegen die guten Sitten verstoßend bezeichnet werden, wenn der ohnehin für den unbemittelten Käufer oft reichlich schwierige Eigentumserwerb an auf Abzahlung gekauften Gegenständen auch noch durch eine solche Klausel erschwert werde".

Hein (S. 91) erachtet jene Abreden „auf Grund des § 134 BGB. in Verbindung mit dem Abzahlungsgesetz als nichtig. Dieses gebe dem Abzahlungsvertrage einen Zwangsinhalt. Das Gesetz wolle das Geschäft nicht nur in bestimmter Art abgeschlossen, sondern auch in bestimmter Art durchgeführt wissen".

Der vorgedachten Urteilsansicht wie der Ansicht Heins — die jetzt übrigens im Schrifttum auch von Eisner, JW. 1914 S. 263 auf Grund des § 1 Abs. 1, § 4 AbzGes., § 138 BGB. vertreten wird — war in der ersten Auflage dieses Kommentars nicht beigetreten worden.

Zahlreiche wirtschaftliche Geschäftsakte des Abzahlungshandels in den Jahren 1912 bis in die letzte Zeit des Weltkrieges hinein haben aber gezeigt, daß die vorerwähnten Abreden unter a und b gegen § 138 BGB. — regelmäßig — verstoßen müssen. Wiederholt waren zum Aufbau eines neuen Hausstandes zunächst nur einige Sachen auf Abzahlung entnommen worden, deren endgültiger Eigentumserwerb ohne jene Abreden eingetreten wäre und dessen Nichteintritt die Versagung jedes Kredits seitens anderer Gläubiger, namentlich seitens des Hauswirts, zur Folge hätte.

Die weiteren Folgen waren:

Nichtzahlung aller Raten aller Abzahlungsverträge, Rücknahme aller Abzahlungssachen seitens des Abzahlungsverkäufers, auch der Sachen des ersten Abzahlungsvertrages, obschon die geringen Restraten des letzteren unbedingt ohne die vorgedachten Abreden unter a und b berichtigt worden wären, der verkehrsübliche Preis der Sachen aber schon längst überbezahlt war. Dies läßt jene Abreden als gegen § 138 BGB. verstoßend und damit als nichtig erscheinen. Die vorgedachten Abreden widersprechen insbesondere auch wie die vorerwähnten Geschäftsakte und ihre Folgen erweisen, dem Zwecke der §§ 1, 2, 4 des AbzGes., der in der Gesetzesbegründung zu § 4 dahin festgelegt ist: „Der Abzahlungskäufer dürfe nicht unbilligerweise geschädigt werden; es steht mit der Natur des Geschäfts in Widerspruch, wenn der Verkäufer (infolge Nichtzahlung der Restschuld) unter Entziehung der Kreditgewährung einen Preis fordern kann, der in dieser Höhe nur mit Rücksicht auf die Kreditgewährung normiert worden ist.

9. S. hierzu Anm. 10 zu § 4.

§ 3.[1])

Die nach den Bestimmungen der §§ 1, 2 begründeten gegenseitigen Verpflichtungen sind Zug[2]) um Zug[3]) zu erfüllen[4])[5])[6]).

1. Die Beziehung des § 3 zu den §§ 348, 320, 322 und § 274 BGB. wird dadurch bestimmt, daß der § 3 lediglich das Rücktrittsrecht des Verkäufers aus den §§ 1 und 2 des RGes. wegen Nichterfüllung der Vertragspflichten des Käufers betrifft.

Der Rückgewähranspruch des Verkäufers infolge seines Rücktritts ist nach den §§ 1 und 2 zwingend (vgl. S. 32, 33) mit seiner Rückgewährsverpflichtung der seinerseits empfangenen Leistungen verbunden.

Während die Rückgewährungspflicht eines auf Grund der §§ 348, 320, 322, 274 BGB. zurücktretenden Gläubigers zur Voraussetzung die Erhebung der Einrede eines Leistungsverweigerungsrechtes der Gegenpartei aus § 320 hat, ist hier im Falle des § 3 die Rückgewährungsverpflichtung des Verkäufers mit seinem Rückgewährsanspruch ex lege verbunden, jene Verpflichtung daher, ohne Einrede, von Amts wegen festzustellen.

Dies beeinflußt die Urteilsfällung, in Abweichung von § 322 BGB., und die Zwangsvollstreckung, abweichend von § 274 Abs. 2 BGB.

2. Der Erfüllungsort der Zug um Zugleistung, also der beiderseitige Leistungsort der wechselseitigen Rückgewährung ist auf Grund des § 269 BGB. der Ort, wo die Sachen sich dem Vertrage gemäß befinden; jedoch nach der Annahme des Reichsgerichts in den Entscheidungen 55, 113; 57, 15 (s. S. 20, 21) der Ort, wo sich die Sachen zur Zeit des Rücktritts befinden.

Die Wohnung oder, falls Sachen für das Gewerbe eines nichteingetragenen (§ 8 des RGes.!) Kaufmanns geliefert, dessen Gewerbelokal, werden regelmäßig die Orte sein, an denen der die Rückgewähr fordernde Gläubiger zugleich die ihm obliegende Rückgewähr der empfangenen Leistungen vorzunehmen hat.

Das vorherige Angebot dieser Leistungen und der Verzug des Käufers in ihrer Annahme befreit den Verkäufer noch nicht, jene Leistungen erneut anzubieten. Eine vorherige Hinterlegung jener Leistungen, die sachentsprechend nach Maßgabe des § 379 BGB. zu erfolgen hat, berechtigt aber den Verkäufer nunmehr, ohne weiteres die Rückgabe der übergebenen Sachen von dem Käufer zu fordern.

Die Erstattung dieser Kosten kann der Verkäufer vom Käufer erfordern, zwar nicht ex fundamento des Rücktritts aus §§ 1 und 2 des RGes., aber aus § 276 BGB.

3. Die Feststellung der Zug um Zugleistung ist, soweit die von dem Verkäufer aus § 2 · begehrten Abzüge und die Zahl der geleisteten Ratenzahlungen in Betracht kommen, selbstverständlich außerhalb des Prozesses nur auf Grund wechselseitiger Einigung zwischen Verkäufer und Käufer möglich. Die Hinterlegung der vom Käufer begehrten, vom Verkäufer nicht zugebilligten Summe durch letzteren nach Maßgabe des § 373 BGB. bis zur urteilsmäßigen Feststellung jener Summe läßt den Rückgabeanspruch des Verkäufers sofort nunmehr unbeschränkt entstehen.

Der Käufer, der nach Kenntnis von jener Hinterlegung die Rückgabe der Sachen verweigert, wird nunmehr unredlicher Besitzer derselben und überkommt dadurch die über die §§ 1 und 2 hinausgehende Haftung für zufällige Beschädigung und Untergang der Sachen (vgl. aber S. 61 und S. 40! und § 990 BGB.).

Die ohne vorangegangene Hinterlegung nachträgliche richterliche Festsetzung der vom Verkäufer zugebilligten und dem Käufer angebotenen Entschädigungssumme überträgt rückwärts vom Zeitpunkt der angebotenen Summe dem Käufer die Haftung als unredlicher Besitzer, wenn nach der Urteilsfeststellung:

der Käufer offensichtlich böswillig mehr, als ihm angeboten und festgestellt ist, gefordert hat; eine — selbst grob — fahrlässige Unkenntnis des Käufers über die richtige Höhe der ihm zustehenden Rückgewährsumme ist somit hier nicht ausreichend; vgl. RG. 56, 317.

ferner: wenn die dem Käufer vor dem Urteil angebotene Summe durch jenes zwar erhöht ist, die Erhöhung aber verhältnismäßig so gering ist, daß die Zurückweisung der angebotenen Summe gegen Treu und Glauben verstoßen hat; § 320 Abs. 2 BGB.

4. Die Urteilsfeststellung der Zug um Zugleistung setzt die Erhebung einer bezüglichen Einrede (s. vorstehende Anmerkung 1) des Beklagten nicht voraus, hat vielmehr von Amts wegen (vgl. S. 32, 33), somit selbst bei Nichterscheinen des beklagten Käufers, zu erfolgen.

Das Urteil, das im letzten Falle den Rückgewährsanspruch des Käufers ohne Antrag und in Abwesenheit festzustellen hat, ist, insoweit seine Feststellungen dem Antrage des Verkäufers nicht entsprechen, ein streitiges im Sinne des § 331 ZPO.

5. Die Erteilung der Vollstreckungsklausel für ein Urteil das eine Zug um Zugleistung gemäß § 3 feststellt, hat jedoch ohne den urkundlichen Nachweis über die vorherige Befriedigung des Käufers rücksichtlich des diesem zustehenden Rückgewähranspruchs zu erfolgen.

Der § 726 Abs. 2 ZPO. hat eine einschränkende Vorschrift mit Rücksicht auf die besondere Art der Zug um Zugleistung des § 3 des Reichsgesetzes eben nicht erhalten.

6. Die Zwangsvollstreckung aus einem Urteil, das die Zug um Zugleistung des § 3 des Reichsgesetzes ausspricht, erfordert den Nachweis durch öffentliche oder öffentlich beglaubigte Urkunden, daß die dem Käufer gebührende Leistung erfolgt oder in einer den Verzug der Annahme begründenden Weise angeboten ist, oder das Anbieten jener Leistung vor Zwangsvollstreckungsbeginn. § 756 ZPO.

In Betracht kann hier aber nur ein nach der Urteilsverkündung eingetretener Verzug kommen, wie sich aus der Änderung ergibt, die der § 322 Abs. 3 und § 274 Abs. 2 BGB. durch die §§ 1 und 2 des Reichsgesetzes erleiden (s. Anm. 1).

Ein nach der Urteilsverkündung eingetretener Annahmeverzug, ebenso wie ein selbst bei Beginn der Zwangsvollstreckung eingetretener Verzug des Käufers in Annahme der ihm zustehenden und angebotenen Leistung erfordert hier Hinterlegung der dem Käufer zustehenden Leistungssumme. Die Vorschriften der §§ 1 und 2 des Reichsgesetzes binden den Rückgewährungsanspruch des Verkäufers ex lege zwingend an die Entäußerung der selbst erhaltenen Leistungen. Dieser ist daher materiell-rechtlich gegen eine Einwendungsklage aus § 767 Abs. 2 nur dann geschützt, wenn er die ihm obliegende Rückgewährleistung hinterlegt hat. In der Prozeßpraxis ist dies mitunter bezweifelt worden.

Die vorstehende Darlegung findet aber auch in der amtlichen Gesetzesbegründung ihre Bestätigung, der zu § 3 bemerkt: „Die Bestimmung an § 3 bringt zum Ausdruck, daß einerseits der Käufer die Sache nur zurückzugeben hat, wenn ihm gleichzeitig die Leistungen zurückgewährt werden, deren Rückgewährung er zu beanspruchen hat."

§ 4.[1]

Eine wegen Nichterfüllung der dem Käufer obliegenden Verpflichtungen[2][3]) verwirkte[4]) Vertragsstrafe[5]) kann, wenn

sie unverhältnismäßig[6]) hoch ist, auf Antrag[7]) des Käufers durch Urteil auf den angemessenen Betrag[8]) herabgesetzt werden. Die Herabsetzung einer entrichteten[9]) Strafe ist ausgeschlossen[10]).

Die Abrede[11]), daß die Nichterfüllung[12]) der dem Käufer obliegenden Verpflichtungen die Fälligkeit der Restschuld zur Folge haben solle, kann rechtsgültig nur für den Fall getroffen werden, daß der Käufer mit mindestens zwei aufeinander folgenden Teilzahlungen ganz oder teilweise im Verzug[13]) ist und der Betrag, mit dessen Zahlung er im Verzug ist, mindestens dem zehnten Teile des Kaufpreises der übergebenen Sache[14]) gleichkommt[15])[16]).

1. Das Verhältnis des § 4 Abs. 1 des Reichsgesetzes zu dem § 343 BGB. zeigt keine inhaltliche Abweichung beider Gesetzesvorschriften voneinander. Der § 4 ist lediglich eine inhaltliche Vorwegnahme des bei seiner Schaffung erst im Entwurf vorhandenen jetzigen § 343.

Die anläßlich der Anwendung des § 4 entstehenden Einzelfragen sind daher auch hier nach den Vorschriften, insbesondere der §§ 339—345, des BGB. zu entscheiden, soweit die zwingenden Bestimmungen der §§ 1 und 2 des Reichsgesetzes nicht eingreifen.

2. Die allgemeine Voraussetzung des Vertragsstrafe-Anspruchs ist der Rechtsbestand des Abzahlungsvertrags, bzw. der in diesem enthaltenen Vertragsstrafeabrede.

Die gesetzliche Unwirksamkeit derselben infolge Verstoßes gegen die allgemeinen Vorschriften der §§ 125, 134, 138 (vgl. die Erläuterungen S. 3 und 15) BGB. macht auch die Vertragsstrafeabrede unwirksam; § 344 BGB. Die besonderen Vorschriften der §§ 1 und 2 des RGes., welche im Falle des Rücktritts des Verkäufers aus § 1 die Entschädigung desselben zwingend und ausschließlich im § 2 festsetzen, machen für das Abzahlungsgeschäft die Abrede einer Vertragsstrafe für den Fall jenes Rücktritts nichtig. Dies ergibt die Begründung zu § 4 unzweideutig; s. folgende Anmerkung.

Der Rücktritt des Verkäufers wegen Nichterfüllung der Verpflichtungen des Käufers hebt ja den ganzen Abzahlungsvertrag mit obligatorischer Wirkung ex tunc (vgl. S. 16), und damit zugleich die Vertragsstrafeabrede auf. Eine Vertragsstrafe kann daher nicht mehr verwirkt werden, wenn eine Rücktrittserklärung des Verkäufers aus § 1 dem Käufer bereits vorher erklärt ist. Gl. A. Hoffmann-Wilke A. § 4; Lazarus S. 106; s. auch Anm. 10.

Die Rechtsunwirksamkeit der ganzen Vertragsstrafeabrede kann vorliegen, so daß die Strafe nicht zu ermäßigen, sondern kraft Gesetzes überhaupt nicht forderbar, wenn jene derart ungewöhnlich hoch ist, daß ihre Verabredung gegen § 138 BGB. verstößt; vgl. RG. 68, 229.

Ob in einem solchen Falle nur die Vertragsstrafeabrede oder der ganze Abzahlungsvertrag nichtig ist, ist nach § 139 BGB. zu entscheiden; vgl. auch BGB. der RGR. A. 2 § 343.

Ein nachträgliches Erlöschen des rechtsgültig entstandenen Anspruchs auf die Vertragsstrafe tritt nach Maßgabe des § 341 Abs. 3 BGB. ein, was in der Praxis vielfach übersehen wird.

Die Annahme einer nicht gehörigen, insbesondere nicht zu der bestimmten Zeit erfüllten Verpflichtungsleistung des Käufers seitens des Verkäufers beseitigt dessen Anspruch auf die für jenen Fall bedungene Strafe, wenn er sich diesen nicht bei der Annahme der Leistung vorbehielt.

Ein nachträglicher oder vor der Annahme erklärter Vorbehalt ist rechtsunwirksam, „selbst wenn das Fortwirken des Vorbehalts noch bei der Annahme unterstellt werden kann"; vgl. RG. 59, 378; 61, 65; JW. 7, 171. Die vielfach üblichen Bestimmungen in Abzahlungsverträgen, in denen bei Festsetzung einer Vertragsstrafe anläßlich unpünktlicher Ratenzahlung verabredet wird, daß Annahme unpünktlicher Zahlung „nur vorbehaltlich aller Rechte" geschehe, ist somit für den Fall des § 341 Abs. 3 BGB. unwirksam.

Jener Vertragsbestimmung ungeachtet verliert der Verkäufer den Anspruch auf die Vertragsstrafe für unpünktliche Ratenzahlung, wenn er diese ohne Vorbehalt annimmt.

In der Gerichtspraxis ist mitunter jene Vertragsbestimmung für rechtsverbindlich erachtet worden und zwar mit Rücksicht auf eine im BGB. der RGR. unter Bezugnahme auf eine Reichsgerichtsentscheidung gemachte Darlegung, daß der Abs. 3 des § 343 durch Parteiabrede abänderbar ist. Allein eine solche Parteiabrede muß einen bestimmten Fall der Annahme einer konkreten Leistung betreffen, wie dies das Reichsgericht zutreffend in der EB. 52 S. 169 darlegt:

Ein Vorbehalt der Vertragsstrafe bei Annahme einer vertragsstrafwidrigen Leistung ist nur dann nicht erforderlich, wenn die Parteien sich vor der Annahme jener Leistung bereits über die verfallene Vertragsstrafe geeinigt haben.

3. Die Verpflichtungen des Käufers, deren Nichterfüllung die vereinbrate Verwirkung einer Vertragsstrafe entstehen läßt, können in der durch den Abzahlungsvertrag begründeten Hauptverpflichtung, aber auch in der Verpflichtung zur Vornahme oder Unterlassung bestimmter Handlungen bestehen § 343 BGB. und folgende Anm. 4. Die Frage, ob im Einzelfalle eine Leistung nicht erfüllt oder einer Unterlassungspflicht zuwidergehandelt worden, ist auch hier nach §§ 157, 242 BGB. zu beurteilen. Stets muß die Erfüllung der übernommenen Verpflichtung ein berechtigtes Interesse des Verkäufers zu befriedigen bestimmt sein; es darf nicht unter der formellen Fassung einer Verpflichtung materiell nur eine Befugnis des Käufers vorliegen.

4. Die Beweislast betreffs der Verwirkung der Vertragsstrafe regelt der § 345 BGB. dahin:

„Bestreitet der Schuldner die Verwirkung der Strafe, weil er seine Verbindlichkeit erfüllt habe, so hat er die Erfüllung zu beweisen, sofern nicht die geschuldete Leistung in einem Unterlassen besteht."

Danach ist zu unterscheiden:

a) In den Fällen, wo die Strafe erfordert wird, weil der Abzahlungskäufer strafvertragswidrig eine Vertragshauptleistung nicht erfüllt oder eine nach der Vertragsstrafeabrede gebotene Handlung nicht genommen, ist von dem Abzahlungsverkäufer nur die Strafabrede und der Eintritt des Verzuges des Abzahlungskäufers (also z. B. der Fälligkeit einer Leistung) zu beweisen.

Der Abzahlungskäufer hat demgegenüber zu beweisen, daß er die Vertragshauptleistung oder die gebotene Handlung vorgenommen hat.

In den beiden Fällen kann der Abzahlungskäufer aber auch einwenden und beweisen, daß auf Grund des § 242 (vgl. auch § 320 Abs. 2) eine an sich quantitativ und qualitativ mangelhafte Leistung als solche doch der Volleistung gleichsteht; vgl. auch RG. 68, 22.

Der Käufer kann ferner dem Anspruch auf die Vertragsstrafe gegenüber den Einwand aus § 285 BGB. erheben, daß die Leistung infolge eines Umstandes unterblieben, den er nicht zu vertreten hat Hier kommen in Betracht schwere Erkrankung (RG. JW. 02, Beil. 114) und vor allem unverschuldeter Arbeitsverlust, wenn ausschließlich aus den Lohnbezügen die einzelne Leistung, z. B. die Ratenleistung vorzunehmen ist; vgl. S. 4, 5 und auch RG. 20, 34. Gl. A. Hausmann A. 3 A zu § 4, s. jetzt auch RG. 95, 199.

Beweist aber der Käufer in den vorerwähnten Fällen die Annahme dieser Leistung, so hat der Verkäufer gemäß § 363 BGB. zu beweisen, daß die angenommene Leistung quantitativ oder qualitativ unvollständig gewesen und daß er sich die Vertragsstrafe gemäß § 341 Abs. 3 BGB. bei der Annahme vorbehalten.

Eine Vertragsabrede, die den unbedingten Verfall einer Vertragsstrafe in den gedachten Fällen ohne Rücksicht auf ein Verschulden, festsetzt, kann nach § 138 BGB. nichtig sein; vgl. JW. 10, 142. A. M. Hausmann A. 3 A zu § 4.

b) Ist die Unterlassung einer Handlung unter Strafe bedungen, diese trotzdem aber vorgenommen, so hat der Abzahlungsverkäufer nicht nur die Strafvertragsabrede, sondern auch die vertragswidrige Vornahme der Handlung zu beweisen.

Nur Tatbestände, wie sie der § 827 BGB. aufführt, können hier den Vertragsstrafeanspruch beseitigen.

5. **Der Gegenstand einer Vertragsstrafe**, die in einem Abzahlungsvertrag bedungen, kann nicht nur eine Geldsumme, sondern wie im § 342 BGB. jede andere Leistung sein.

Eine Vertragsstrafe, die in einer Erhöhung der einzelnen Raten für den Fall des Verzugs mit der Zahlung einer Rate besteht, kann — wie dies schon aus der Erläuterung S. 74 erhellt — nicht mehr gefordert werden, wenn die verspätete Rate in der bisherigen Höhe ohne Vorbehalt der Vertragsstrafe angenommen ist; § 341 Abs. 3; und auch im übrigen gelten für eine Vertragsstrafe der vorgedachten Art alle Rechtssätze über die Vertragsgeldstrafe; s. S. 73.

6. **Unverhältnismäßig hoch** ist eine Vertragsstrafe, wenn sie unbillig erscheint in Berücksichtigung eines jeden, auch nicht vermögensrechtlichen Interesses des Verkäufers in Anbetracht der Gesamtlage zwischen dem Abschluß des Abzahlungsvertrages bis zum Zeitpunkt des Erforderns der Strafe, also auch unter Berücksichtigung bisheriger Pünktlichkeit und Gutwilligkeit des Käufers und unter Mitberücksichtigung der übrigen, insbesondere der wirtschaftlichen Verhältnisse des Käufers; vgl. auch JW. 07, 11; Warn. 8, 300, aber auch vorstehende Anm. 2.

Herabsetzbar wegen unverhältnismäßiger Höhe ist jede Vertragsstrafe; die auf eine Geldsumme, wie auf eine andere Strafleistung gerichtete Strafe. Letzteres war bisher zweifelhaft, ist jetzt aber nach der im BGB. der RGR., Anm. 1 zu § 343 angeführten Entscheidung des Reichsgerichtes vom 25. September 1915 V 143/15 bedenkenfrei anzunehmen.

7. **Der Antrag des Käufers** ist die unbedingte Voraussetzung für die Herabsetzung einer Strafe.

Die Form der selbständigen Klage des Käufers auf Herabsetzung einer Vertragsstrafe wird nur selten gewählt werden. Wird aber eine solche Klage erhoben, so kann sie nur als die sog. negative Feststellungsklage des § 256 ZPO. angesprochen werden; sie geht auf Feststellung des quotenmäßigen Nichtbestehens eines Rechtsverhältnisses; sie begehrt die Feststellung, daß ein Rechtsverhältnis nicht besteht oder über die im § 4 des RGes. bestimmte Höhe hinaus den Käufer zu einer Vertragsstrafeleistung nicht verpflichtet. A. M. Hoffmann-Wilke A. 2 § 4, da es sich hier um das Nichtbestehen eines Rechtsverhältnisses überhaupt nicht handele.

Im BGB. der RGR. wird in Anm. 1 zu § 343 hier nur ausgeführt:

„Die Entscheidung über den Betrag der Herabsetzung betrifft im Sinne des § 304 Z nicht den Grund, sondern den Betrag des Schadens. (RG. Gruch. 59, 499.)

Die Form des Antrags gegenüber der Klage des Verkäufers auf Zahlung der Vertragsstrafe kann die der einfachen Einrede sein. Denn der Käufer, der die Ermäßigung aus § 4 begehrt, wendet dem an sich entstandenen Anspruch gegenüber einen auf Grund der vorliegenden Umstände (Anm. 6) gesetzlich zulässigen

Ermäßigungsumstand ein, dessen endgültige quantitative Feststellung dem Richter obliegt; so auch RG. JW. 03, Beil. 96. A. M. Hoffmann-Wilke A. 2 § 4, die die Erhebung einer Widerklage für geboten erachten. Die Erhebung einer solchen Widerklage steht vielmehr (wie die Erhebung einer selbständigen Klage) im Belieben des Käufers.

8. **Die Herabsetzung** auf den angemessenen Betrag hat durch Urteil, und zwar durch Endurteil zu erfolgen; da Grund und Höhe des Anspruchs des Verkäufers sowohl auf eine Klage des Käufers, wie auf eine Einrede endgültig festzustellen sind, ist für ein Zwischenurteil (wie Hausmann A. 6 § 4 meint) kein Raum.

Die zu findende angemessene Höhe ergibt sich mit der Feststellung der Gesamtheit der Einzelmomente, die die vertragsmäßige Strafsumme als unverhältnismäßig hoch erscheinen lassen (Anm. 6 vorstehend) unter Vergleichung dieser Vertragssumme mit den gewöhnlich im Verkehrsleben unter wirtschaftlich gleichartigen Verhältnissen festgesetzten.

9. **Eine entrichtete Vertragsstrafe**, die deshalb nicht mehr herabsetzbar ist, liegt nur vor, wenn eine Zahlung seitens des Käufers als Geldstrafeleistung bestimmt ist.

Eine solche Bestimmung kann zwar stillschweigend geschehen; vgl. JW. 04, 58. Hat aber der Schuldner eine Zahlung ausdrücklich auf eine bestimmte Preisrate geleistet, so ist eine Verrechnung seitens des Verkäufers ausgeschlossen; der letztere ist auch nicht befugt, bei gleichzeitiger Fälligkeit einer Vertragsstrafe und einer Preisrate eine Zahlung auf erstere einfach zu verrechnen. Denn die Preisratenschuld mit der Möglichkeit, daß eine zweite Rate fällig werden und den Rücktritt des Verkäufers bewirken kann, ist die für den Käufer lästigere; § 366 Abs. 2 BGB.

10. **Die Zulässigkeit nachträglicher Anrechnung** einer entrichteten Vertragsstrafe auf die dem Verkäufer im Falle eines Rücktritts aus §§ 1 und 2 des RGes., nach letzterem Paragraph zu gewährende Vergütung wird von der herrschenden Ansicht bejaht. Diese nimmt an, daß die Bezugnahme auf § 287 Abs. 1 ZPO. und Abs. 2 des § 2 die Tatsache der Zahlung der Strafsumme zu einem für die Bemessung der Vergütung „zu würdigenden Umstand" macht; denn „jene Vergütung stelle ein dem Verkäufer vom Käufer zu ersetzendes Interesse dar"; so Hoffmann-Wilke A. 3 § 4; Hausmann A. 8; Schmitt A. 6; Lazarus S. 106.

Diese für einen wirtschaftlich schwachen Käufer gewiß wünschenswerte Heranziehung des § 2 Abs. 2 ist rechtlich nicht begründet. Der § 2 Abs. 2 besagt logisch inhaltlich nur: das Gericht hat bei der Feststellung des Grundes und der Höhe der entstandenen Aufwendungs-, Beschädigungs-, Gebrauchs- und Benutzungsansprüche des Verkäufers die ursächlich begründenden Umstände nach freier Überzeugung zu würdigen.

Die herrschende Ansicht steht vor allem aber mit der klaren, jeden Zweifel ausschließenden autoritativen Darlegung der Begründung im Widerspruch, die zu § 4 des RGes. ausführt: „Sollte übrigens für den Fall, daß der Verkäufer vom Vertrage zurücktritt, weil der Verkäufer eine ihm obliegende Verpflichtung nicht erfüllt hat, eine Vertragsstrafe wegen des aus dieser Nichterfüllung für den Verkäufer sich ergebenden Schadens festgesetzt sein, so kann eine solche Vertragsstrafe nach § 2 überhaupt nicht gefordert werden. War dagegen bereits vorher durch eine sonstige Vertragsverletzung eine Vertragsstrafe vom Käufer verwirkt, so wird diese trotz des Rücktritts des Verkäufers von dem Verbot des § 2 nicht berührt, sie unterliegt vielmehr nur der Ermäßigung nach § 4."

Es ist klar, daß, wenn eine Anrechnung einer bereits entrichteten Vertragsstrafe auf die Vergütungen aus § 2 zulässig sein sollte, dieses vom Gesetzgeber hinter den Worten „nur der Ermäßigung nach § 4" zum Ausdruck gebracht worden wäre.

11. **Die Abrede der sogenannten Fälligkeitsklausel**, also die Abrede, daß der ganze Preisrest sofort fällig wird, darf nach dem Wortlaut des Gesetzes überhaupt nur für die Verletzung der Vertragspflicht des Käufers zur pünktlichen Zahlung der Preisraten getroffen werden.

Eine Vereinbarung sofortiger Fälligkeit des ganzen Preisrestes für den Fall, daß der Käufer auch andere Vertragsverpflichtungen nicht erfüllt, ist nach der Fassung des § 4 nichtig. Gl. A. Hoffmann-Wilke A. 4 § 4; Lazarus S. 108; jetzt auch Hörle in den Beiträgen Bd. 55 S. 184.

Die Abrede ist andererseits sowohl bei dem gewöhnlichen Abzahlungsvertrag mit Eigentumsvorbehalt für den Verkäufer, wie ohne diesen Vorbehalt bei dem ungewöhnlichen Abzahlungsvertrag zulässig.

12. **Die Nichterfüllung der Preisratenzahlungspflicht** muß ferner hier (wie bei Nichterfüllung einer mit Vertragsstrafe bedrohten Verpflichtung) darauf beruhen, daß die Zahlung infolge Verschuldens des Käufers überhaupt nicht oder nur teilweise (§ 266 BGB., aber auch folgende Anm.) vorgenommen ist, daß sie als Erfüllung nicht gelten kann (RG. 57, 399); jedoch kann bei einer nur teilweisen Zahlung der § 242 BGB. diese der Vollzahlung gleichstellen; vgl. RG. 68, 22. Eine Nichtzahlung kann ferner außer Betracht bleiben, wenn sie auf einem Umstand beruht, den der Käufer — was er zu beweisen hat — nicht zu vertreten hat; § 285 BGB.

In Betracht kommt hier vor allem eine schwere Erkrankung des Käufers (RG. JW. 02, Beil. 114) und ferner sein unverschuldeter Arbeitsverlust, wenn ausschließlich aus den Lohnbeträgen die einzelne Preisrate zu leisten ist; s. RG. 20, 34, auch S. 5 Gl. A. Hausmann A. 3 A § 4; Lazarus S. 109 (s. auch S. 8)!

13. **Der ganze oder teilweise, verschuldete, Verzug mit mindestens zwei aufeinander folgenden Teilzahlungen** ist die Mindest-

voraussetzung, an die eine Abrede der sog. Fälligkeitsklausel geknüpft werden kann.

Der Rückstand einer Rate kann somit — zwar die Voraussetzung der Abrede einer Vertragsstrafe — nicht aber die Voraussetzung einer Vereinbarung der Fälligkeit des ganzen Preisrestes sein; eine solche Vereinbarung ist nichtig; sie konvaleisziert auch nicht ex lege, falls zwei aufeinander folgende Raten schuldhaft nicht gezahlt werden.

Die Nichtzahlung zweier aufeinander folgender Teilzahlungen liegt nicht vor, wenn von drei aufeinander folgenden fällig gewordenen Teilzahlungen der Käufer die erste gezahlt, die zweite nicht gezahlt, sodann aber eine Zahlung ausdrücklich auf die dritte Teilzahlung leistet und in derselben Weise hierauf mit der vierten, fünften und sechsten Teilzahlung verfährt.

Die herrschende Ansicht verneint dies (Hoffmann-Wilke A. 5, § 4; Lazarus S. 108) und nimmt an: „Der Schuldner könne zwar die Art der Verrechnung bestimmen, wenn er dem Gläubiger aus mehreren Schuldverhältnissen zu gleichartigen Leistungen verpflichtet sei und das geleistete zur Tilgung sämtlicher Schulden nicht ausreiche. Es liege aber in der Natur des Abzahlungsgeschäfts, daß der Schuldner die ältere Rate vor der jüngeren zu zahlen habe; der Gläubiger müsse daher für berechtigt erachtet werden, eine Zahlung zurückzuweisen, wenn der Schuldner eine dem widersprechende Art der Verrechnung verlange."

Diese Annahme steht im Widerspruch mit § 366 BGB., der das Bestimmungsrecht des Schuldners dem Gläubiger gegenüber zu einem unbedingt maßgebenden gestaltet; der letztere kann dieses Bestimmungsrecht durch Ablehnung der Annahme der Leistung des Schuldners nur im Falle, daß der Käufer Zahlungen, die auf Zinsen und Kosten und eine Preisteil-(Haupt-)leistung zu machen sind, in Abweichung von § 367 Abs. 1 bestimmen will; vgl. auch das BGB. der RGR. A. 2 § 366.

In dem vorgedachten Falle liegt sonach die Voraussetzung des Abs. 2 des § 4 des RGes. nicht vor.

Dies entspricht auch der in den Motiven zu § 4 zum Ausdruck gebrachten Absicht des Gesetzes; tatsächlich sind in jenem Falle aus der Reihe der fällig gewordenen Teilzahlungen so viele geleistet, daß die „Entziehung der Kreditgewährung" und dadurch die sofortige Einforderung des ganzen Preises, „der in dieser Höhe nur mit Rücksicht auf die Kreditierung normiert worden ist, den Käufer unbilligerweise schädigen würden."

Die hier vertretene Ansicht steht auch nicht mit den Grundsätzen in Widerspruch, die das Reichsgericht RG. 66, 54 darlegt — wie Hein S. 44 annimmt. Aus jener Entscheidung läßt sich nur entnehmen, daß das Bestimmungsrecht des Abzahlungskäufers aus § 366 BGB. vertraglich beseitigt werden kann.

Für die vorstehende Ansicht spricht auch:

14. Die fernere Voraussetzung der sofortigen Fälligkeit der ganzen Preisrestschuld ist, neben der schuldhaften Nichtzahlung zweier aufeinander folgender Teilzahlungen, daß der Betrag, mit dessen Zahlung der Käufer in Verzug ist, mindestens dem zehnten Teile des Kaufpreises der übergebenen Sachen gleichkommen muß.

Unstreitig nach dem Wortlaut des Gesetzes — in dem das Wort „übergebenen" ausdrücklich und nachträglich eingefügt worden — ist, daß das $1/_{10}$ nur nach dem Kaufpreise derjenigen Sachen zu berechnen ist, die bereits dem Käufer übergeben sind.

Bei Abzahlungsverträgen mit vereinbarten sukzessiven Teillieferungen des Verkäufers, die namentlich bei Verkäufen von Konversationslexika üblich, bildet daher nur der Preis der bereits **übergebenen** Kaufsachen die Summe, mit deren $1/_{10}$ der Käufer im Rückstande sein muß.

Mit dieser Einschränkung ist offenbar auch die Ausführung bei Enneccerus-Kipp-Wolff Bd. II § 341 unter II a (die mitunter in der Praxis Schwierigkeiten gemacht) zu verstehen:

Die Abrede sofortiger Fälligkeit der ganzen Restschuld sei nur wirksam: „wenn der Käufer mit mindestens zwei aufeinander folgenden Teilzahlungen ganz oder teilweise im Verzuge ist, und zwar mit einem Gesamtbetrage, der den zehnten Teil des Kaufpreises erreicht."

Ist ein Konversationslexikon von 22 Bänden à 10 Mark zum Gesamtpreise von 200 Mark vereinbarungsgemäß in 3 ungleichen Teillieferungen zu liefern, sind 10 Bände zu 100 Mark geliefert, also übergeben, sind dann nach Zahlung der ersten Rate zwei Raten mit 20 Mark rückständig, so beträgt „der zehnte Teil de Kaufpreises" im Sinne des § 4 im vorliegenden Fall nicht $1/_{10}$ von 220 Mark, sondern $1/_{10}$ von 100 Mark = 10 Mark; der gesamte Restpreis von 100 Mark — gezahlter 10 Mark = 90 Mark, ist daher für die gelieferten 10 Bände fällig.

15. Der Vorschrift des Abs. 2 des § 4 unterliegt nicht eine Abrede, die von vornherein das Fälligwerden eines bestimmten Teiles des Preises von Lieferung eines entsprechenden Teiles der Kaufsachen ausbedingt. Die Voraussetzung des Fälligwerdens jenes Preisteiles ist nicht der Verzug mit festgesetzten Teilzahlungen, nur diese Voraussetzung ist aber die des Abs. 2 § 4. Gl. A. Hoffmann-Wilke A. 6 § 4; Hausmann A. 14.

16. Die Rechtslage der Nichtzahlung von Preisraten ohne vorherige Vereinbarung der Folgen dieses Vorkommnisses ist Anm. 3 zu § 5 besprochen.

§ 5.[1])

Hat der Verkäufer auf Grund des ihm vorbehaltenen Eigentums[2]) die verkaufte Sache wieder an sich genommen, so gilt[3]) dies als Ausübung des Rücktrittsrechts.

1. Der Grund der Gesetzesvorschrift wird von den Motiven dahin festgestellt: „Regelmäßig tritt der Verkäufer, wenn er die Sache auf Grund des Eigentumsvorbehalts zurücknimmt, auch vom Vertrage zurück. Rechtlich ist indessen das eine mit dem anderen nicht notwendig verbunden und es wäre möglich, daß gerade, um die Vorschriften der §§ 1, 2 zu umgehen, der Weg gewählt würde, die Sache zurückzunehmen, ohne doch vom Geschäft zurückzutreten."

Um dieses zu verhindern, will der § 5, wie die Motive weiter sagen, zum Ausdruck bringen, daß: „die Bestimmungen des § 2 auch dann Platz greifen, wenn ein Rücktrittsrecht zwar nicht bedungen, der Verkäufer aber in der Lage ist (!), auf Grund vorbehaltenen Eigentums die verkaufte Sache zurückzunehmen."

Diese Begründung zeigt zugleich:

2. Der Wortlaut des § 5 bringt die in ihm für den Abzahlungsvertrag aufgestellte, den § 455 BGB. abändernde Rechtsregel nicht vollständig — nur mittelbar — zum Ausdruck.

Für den gewöhnlichen Kauf ist bei der Abrede des Eigentumsvorbehalts bis zur Zahlung des Kaufpreises nach § 455 nur „im Zweifel" die Annahme vorliegend, daß der Verkäufer auch zum Rücktritt vom Vertrag berechtigt ist, wenn der Käufer mit der Zahlung in Verzug kommt.

Für das Abzahlungsgeschäft unter Eigentumsvorbehalt wird, nach den Motiven, mit der hierdurch geschaffenen „Lage des Verkäufers, die verkauften Sachen zurückzunehmen, das Platzgreifen der Bestimmungen des § 2" verbunden.

Hiermit ist zum Ausdruck gebracht, daß mit der Abrede des Eigentumsvorbehalts in einem Abzahlungsvertrag zugleich eine Abrede über ein bedingtes Rücktrittsrecht des Verkäufers ex lege als stillschweigend getroffen zu erachten ist.

Eine Vertragsbestimmung, welche den Verkäufer berechtigt, bei Nichtzahlung bestimmter Raten die Sachen an sich zu nehmen, enthält somit zugleich ex lege untrennbar die stillschweigend getroffene Vertragsbestimmung der Berechtigung unter derselben Bedingung vom Vertrage zurückzutreten, aber nur unter „Platzgreifen der Bestimmungen des § 2" — sobald die Abzahlungssachen zurückgenommen sind.

Hieraus ergeben sich:

3. Die Tragweite des § 5, die in der Literatur zum Teil noch nicht vollständig festgestellt ist.

Unstreitig, nach Vorstehendem, und in der Literatur (Hoffmann-Wilke A. 2 § 5; Lazarus S. 55), wenn auch ohne ausreichende Begründung angenommen, ist:

Die Fassung des Gesetzes im § 5, das „An-sich-Nehmen der Sache durch den Verkäufer gilt als Ausübung des Rücktrittsrechts" ist unvollständig; der jener unvollständigen Gesetzesfassung zur Grundlage dienende Rechtssatz: mit der Abrede des Eigentumsvorbehalts ist zugleich ex lege stillschweigend die Abrede eines bedingten Rücktrittsrechts nach Maßgabe des § 2 getroffen, ist wieder einmal „neben das Gesetz", nämlich in die Motive geschrieben.

Unerörtert bisher und zweifelhaft sind hier aber folgende Fragen:

a) Ist der Verkäufer unbeschränkt zur jederzeitigen Rücknahme einer Sache berechtigt, die er dem Käufer auf Grund eines Abzahlungsvertrages mit Eigentumsvorbehalt übergeben?

Die Frage ist besonders für die Fälle von Bedeutung, wo nur die Zahlung von Raten bedungen, Folgen eines etwaigen Ratenzahlungsverzugs mit Rücksicht auf die Kreditfähigkeit des Käufers nicht vereinbart sind.

Die Frage ist unbedenklich zu verneinen; der Eigentumsklage des Verkäufers steht der Verweigerungseinwand des Käufers aus § 986 BGB. entgegen.

In Frage kommt dagegen hier, ob der Verkäufer bei schuldhafter Nichtzahlung schon einer bedungenen Rate nach Fristsetzung aus § 326 BGB. vom Vertrage zurücktreten und dann die Sache zurücknehmen kann. Diese Frage ist zu bejahen.

Allein mit der Zurücknahme nach Anwendung des § 326 BGB. tritt dann zwingend die Vorschrift des § 5 des RGes. ein, die zur Folge hat, daß die wechselseitigen Leistungen nach Maßgabe der §§ 1 und 2 des RGes. zurückzugewähren sind:

b) Ist § 5 anwendbar, wenn in einem Abzahlungsvertrag mit Eigentumsvorbehalt unter verschiedenen Bedingungen das Rücktrittsrecht des Verkäufers vom Vertrage und das Recht desselben zur Ansichnahme der Sachen vereinbart werden?

In einem Vertrage wird z. B. das Rücktrittsrecht des Verkäufers vom Vertrag an den Rückstand zweier Raten, das Recht zur Ansichnahme der Sachen aber schon an den Rückstand einer Rate geknüpft.

In einem solchen Falle wäre — wenn § 5 hier anwendbar und somit die Rücknahme der Sache als Ausübung des Rücktritts zu gelten hätte — das Rücktrittsrecht vom Vertrag ausdrücklich anders, als das stillschweigend ex lege des § 5 (vorstehend unter 2) festgelegte bestimmt und zwar in einem unlösbaren Widerspruch.

Hieraus ergibt sich:

Ausdrückliche vertragsmäßige Festsetzungen können zwar das Rücktrittsrecht des Verkäufers vom Vertrage gestatten, daneben das Recht zur Rücknahme unter anderen Bedingungen als die des Rücktrittsrechts bestimmen.

Es bleibt aber nur übrig: in einem solchen Falle der Ansichnahme der Sache durch den Verkäufer nicht die praesumptio juris des § 5, nämlich der Ausübung des Rücktritts vom Vertrage beizulegen.

Es zeigt sich sonach, diese praesumptio juris des § 5 greift nur ein, wenn eine Abrede über das Rücktrittsrecht des Verkäufers nicht getroffen ist.

Ein „Ansichnehmen" der unter Eigentumsvorbehalt verkauften Abzahlungssachen im Sinne des § 5 mit der Rechtsfolge des Rücktritts vom Abzahlungsvertrage liegt übrigens, wie Schrifttum und Rechtsprechung annehmen, schon in folgenden Maßnahmen: Einmal bereits in der gerichtlichen Geltendmachung eines Anspruchs auf Herausgabe der Abzahlungssachen (s. Hörle in den Beitr. Bd. 55 S. 193.

Ferner in dem Erwerb der Abzahlungssachen durch den Abzahlungsverkäufer in der Zwangsvollstreckung. Urteil des Landgerichts I Berlin 35. S. vom 6. Juli 1914.

Endlich in der Ansichnahme der Abzahlungssachen seitens des Abzahlungsverkäufers auch nur zu seiner Sicherung. Enneccerus-Kipp-Wolff, Bd. I 2 § 341 Anm. 7.

§ 6.

Die Vorschriften der §§ 1—5 finden auf Verträge[1]), welche darauf abzielen, die Zwecke[2]) eines Abzahlungsgeschäfts (§ 1) in einer anderen Rechtsform[3])[4]), insbesondere durch mietweise Überlassung[5]) der Sache zu erreichen, entsprechende Anwendung, gleichviel ob dem Empfänger der Sache ein Recht, später deren Eigentum zu erwerben, eingeräumt ist oder nicht[6]).

1. Die allgemeine Bezeichnung der Rechtsgeschäfte, die durch § 6 des RGes. der entsprechenden Anwendung seiner §§ 1—5 unterstellt werden, ist die der Abzahlungsgeschäfte verhüllter Gestalt, somit der nicht in die Rechtsform des Kaufs gekleideten Abzahlungsgeschäfte. Ein verhülltes Abzahlungsgeschäft liegt nach den Motiven vor, sobald ein Rechtsgeschäft, gleichviel welche positiv rechtliche Bezeichnung es führt, auf die Erreichung der wirtschaftlichen Zwecke eines Abzahlungsgeschäftes gerichtet ist.

Ausdrücklich bemerken die Motive zu § 6: „Die wirtschaftlichen Zwecke eines Kaufs auf Abzahlung können auch mittels anderer Rechtsgeschäfte verfolgt werden. Das Gesetz darf sich nicht auf bestimmte Arten von Rechtsgeschäften beschränken, da seine Absichten sodann durch die Wahl einer anderen Art leicht umgangen werden könnten."

2. Die für den Begriff des verhüllten Abzahlungsvertrags und damit für die Anwendbarkeit des § 6 entscheidenden wirtschaftlichen Zwecke sind:

a) „Das Endziel des Geschäfts muß die Übertragung des Eigentums" sein, wie die Motive ausdrücklich sagen.

Dieses Endziel muß aus dem Vertragsinhalt mindestens als „die stillschweigende Absicht" feststellbar sein; auch dies stellen die

Motive selbst fest; jene Absicht braucht somit nicht zum ausdrücklichen Ausdruck gelangt zu sein. Es wird daher das Vorliegen eines verhüllten Abzahlungsgeschäfts nicht schon dadurch beseitigt, daß — wie das Gesetz selbst hervorhebt — dem Empfänger einer Sache ein Recht auf späteren Eigentumserwerb an dieser nicht eingeräumt ist. Hierdurch ist die Feststellung des Endziels und damit des Begriffs des Abzahlungsgeschäfts, besonders einem Vertrag gegenüber schwer, der ausdrücklich als Mietsvertrag bezeichnet ist; vgl. folgende Anm. 5.

b) Der zunächst beabsichtigte und auszuführende Zweck des Geschäfts muß in der Übergabe der Sache gegen Entgelt behufs Gebrauchs oder Benutzung derselben bestehen. Die Übergabe ist, wie S. 8 unter d) erwähnt, das Haupterfordernis auch des unverhüllten Abzahlungsvertrags, wie § 1 des RGes. zeigt, während die Gebrauchs- und Benutzungsgewährung im § 2 als Wirtschaftszweck des Abzahlungsvertrags vorausgesetzt ist.

c) Ein in Teilzahlungen zu berichtigender Entgelt muß vertragsmäßig von dem Empfänger der Sachen (vgl. S. 1) zu zahlen sein. Dieser Entgelt darf nach der — wenigstens stillschweigenden — Absicht der Parteien nicht ausschließlich Gebrauch und Benutzung der Sachen abgelten, sondern muß mit Erreichung der Gesamtsumme der einzelnen Raten zugleich den Erwerbspreis der Sachen darstellen.

d) Ein Rücktrittsrecht vom Vertrage und eine dadurch begründete Befugnis zur Ansichnahme der Sachen braucht für den Übergeber der Sachen nicht ausdrücklich vereinbart zu sein. Vgl. S. 2, 3.

In den verhüllten Abzahlungsverträgen — da sie eben Verträge außerhalb der Rechtsform des Kaufs sind — bleibt das Eigentum des Übergebers der Sachen stets vorbehalten.

In einem solchen Falle aber nimmt, wie der § 5 des RGes. zeigt (S. 81), das Gesetz eine stillschweigend getroffene Abrede an, daß der Entäußerer der Sachen nach Maßgabe der §§ 1 und 2 zum Rücktritt berechtigt ist, sobald der Empfänger der Sachen seine Vertragsverpflichtungen nicht erfüllt, und Ersterer die Sachen deshalb an sich nimmt. Gl. A. Hausmann A. 2d § 6 (wenn auch in anderer Begründung). A. M. (ohne ausreichende Begründung) Hoffmann-Wilke A. 1³ § 6.

3. „Die andere Rechtsform", unter der ein — somit nicht in einem Kauf bestehendes und deshalb verhülltes — Abzahlungsgeschäft abschließbar, kann jedes Rechtsgeschäft darstellen. auf Grund dessen inhaltlich eine entgeltliche Übertragung und Benutzung von Sachen möglich ist.

Von einer mietsweisen Überlassung, die das Gesetz selbst erwähnt, und die in Anm. 5 besonders besprochen, abgesehen, kommen hier alle Rechtsverhältnisse, vom Pfandrechtsverhältnis abgesehen, in Betracht, die für einen Eigentumserwerb nach § 930 BGB. geeignet, sofern für sie zugleich ein Besitzentgelt in Teilzahlungen vereinbart ist, der nach der wenigstens stillschweigenden Parteiabsicht nach Erreichung einer bestimmten Summe den Eigentumserwerb erzielen soll.

Danach kann der Abzahlungsvertrag Rechtsformen von obligatorischer wie sogar zugleich dinglicher Wirkung annehmen, also sich kleiden in:

Nießbrauch §§ 1030 u. f. BGB.;

Verwahrung §§ 688 u. f. BGB., sofern sie ausdrücklich nicht nur auf seiten des Verwahrers als eine unentgeltliche (also in Abänderung des § 689 a. a. O.) vereinbart, sondern mit der Verwahrung auch eine Gebrauchsbefugnis gegen irgendein Entgelt eingeräumt ist.

Regelmäßig wird freilich in einem solchen Falle Miete vorliegen.

Ein Pfandvertrag kann nach seinem Zweck einen Abzahlungsvertrag nicht enthalten. Dagegen kann in jedes Treuhandverhältnis ein Abzahlungsvertrag sich kleiden.

Diese Rechtsformen geben, wie im § 930 BGB., die vorbildlichen Formen ab, in deren mannigfaltigen Veränderungen die verhüllten Abzahlungsverträge auftreten können.

4. Die gesetzlichen Vorschriften des BGB. für eine einzelne Rechtsform, außerhalb der des Kaufs, in die ein Abzahlungsvertrag sich kleidet, sind nur insoweit anwendbar, als sie den §§ 1—5 des RGes. nicht widersprechen und mit der Absicht der Parteien auf schließlichen Eigentumserwerb des Besitzers der Sachen vereinbar sind.

Der Abzahlungsvertrag in der Form des Nießbrauchs schließt daher regelmäßig die Anwendung der §§ 1045 bis 1048, 1049 bis 1053, 1055 bis 1062, 1064, 1066, 1067 BGB. aus. Ein Abzahlungsvertrag in der Form der Verwahrung beseitigt regelmäßig die Anwendbarkeit der §§ 689, 692 bis 696, 698 bis 700 BGB.

5. Die mietweise Überlassung insbesondere, also der sogen. Möbelleihvertrag:

a) Der volkstümliche Sprachgebrauch begreift unter einem sog. Möbelleihvertrag dreierlei:

Einmal wird darunter eine ausschließlich gewollte und getätigte Möbelmiete, z. B. von Stühlen zu einem Festtage, verstanden.

Unter der Überschrift „Möbelleihvertrag" wird ferner oft ein unverhüllter Abzahlungsvertrag geschlossen, also ein Abzahlungsgeschäft in der Rechtsform des Kaufs, dessen Namhaftmachung rein gedankenlos durch das Wort Möbelleihvertrag erfolgt.

Endlich aber wird mit Möbelleihvertrag das unter der Rechtsform der Miete verhüllte Abzahlungsgeschäft im Sinne des § 6 des RGes. verstanden.

b) **Die rechtliche Natur** des Möbelleihvertrags als verhülltes Abzahlungsgeschäft im Sinne des § 6 ist streitig.

Wie vor dem Reichsgesetz Staub, in der JW. 1888 S. 301 ff., wird jetzt noch, insbesondere von Lazarus S. 66 u. f., der in der Rechtsform der Miete verhüllte Abzahlungsvertrag einfach als Kauf betrachtet.

Diese Auffassung steht in klarem, gar nicht zu beseitigendem Widerspruch mit den Worten des § 6 des RGes.

Dieser § 6 bringt deutlich und zwingend zum Ausdruck, daß die Vereinbarung einer mietsweisen Überlassung einer Sache zum Zwecke eines Abzahlungsgeschäfts „eine andere Rechtsform" als Kauf ist.

Durch diese Gesetzesworte ist zugleich der Rechtsansicht derjenigen (Gruchot, Beiträge 10, 339; 39, 504) die Grundlage entzogen, welche den sog. Möbelleihvertrag als einen Mietsvertrag unter einer Resolutivbedingung auffassen, deren Inhalt zugleich eine Suspensivbedingung abgibt, unter der ein gleichzeitig abgeschlossener Kaufvertrag mit jenem Mietsvertrag zugleich vereinbart ist.

Das Reichsgesetz entfernt eben durch seinen § 6 aus einem Mietsvertrag zu Abzahlungsgeschäftszwecken jedwede Art der „Rechtsform" des Kaufs.

Mit Festhaltung dieser Tatsache ergibt sich die richtige Bestimmung des in der Rechtsform der Miete abgeschlossenen verhüllten Abzahlungsgeschäfts.

Dieses ist ein Mietsvertrag, verbunden mit einem abstrakten, aufschiebend bedingten, auf Eigentumserwerb der vermieteten Sache gerichteten Realvertrag. Um dieses zur Verwirklichung des Abzahlungsgeschäftszwecks dienenden Realvertrags willen verändert aber das Reichsgesetz im § 6 durch die Bezugnahme auf seine §§ 1—5 die aus einem gewöhnlichen Mietsvertrage sich ergebenden Rechtsfolgen, soweit neben der mietsweisen Benutzung die Erreichung des Zwecks eines Abzahlungsgeschäfts, des schließlichen Eigentumserwerbs des Mieters, in Betracht kommt.

Hieraus ergeben sich:

c) **Die Abweichungen des gewöhnlichen Mietvertrags** von dem Mietsvertrag, der ein verhülltes Abzahlungsgeschäft enthält.

Die mindestens stillschweigend beabsichtigte und vereinbarte Erreichung des Abzahlungsgeschäftszwecks, also die Erreichung des schließlichen Eigentumserwerbs des Mieters an den Mietssachen, beeinflußt die wechselseitigen Rechte und Pflichten des Vermieters und Mieters, vor allem aber die Beendigung der Miete, falls sie ohne Erreichung des Abzahlungsgeschäftszwecks geschieht; diesen Fall unterstellt der § 6 ausschließlich den Vorschriften der §§ 1 und 2.

α) Von vornherein ausgeschlossen sind während des Bestehens des Mietsvertrags, als verhüllten Abzahlungsgeschäfts, von den §§ 535—580 BGB. alle Vorschriften über die Grundstücksmiete; das Reichsgesetz betrifft ja nur bewegliche Sachen (vgl. S. 8).

β) Unanwendbar nach der beiderseitigen Vertragsabsicht der Parteien sind ferner die gesetzlichen Vorschriften der §§ 552 bis 554, 565, 567, 569.

Jene Vorschriften entsprechen dem normalen Mietsvertragszwecke, eines zeitlich begrenzten Gebrauchs der Mietssache, und werden daher durch die Parteivereinbarung auf schließlichen Eigentumserwerb der bisherigen Mietssachen auf Grund des verhüllten Abzahlungsvertrags beseitigt.

Diese dem verhüllten Abzahlungsvertrag eingefügte Realvertragsabrede (S. 86) ist es, die auch insbesondere für jenen Vertrag:

γ) das Kündigungsrecht des Vermieters und die sog. Fälligkeitsklausel hier besonders gestaltet.

Eine vertragsmäßige Feststellung der sog. Fälligkeitsklausel ist nur dann gültig, wenn sie den einschränkenden Bedingungen des § 4 des RGes. entspricht (vgl. S. 78 Anm. 13).

Die Voraussetzung der Restfälligkeit ist daher ein Rückstand zweier aufeinander folgender sog. Mietsraten, deren Betrag mindestens $^1/_{10}$ der Gesamtsumme aller für die übergebenen Sachen zu zahlender Mietsraten „gleichkommen" muß.

Und materiellrechtlich wird nicht eine Kündigung, sondern eine Rücktrittserklärung abgegeben, die nur unter den Voraussetzungen der §§ 1, 2, 3 die Aufhebung des Vertrags gestattet.

Ein gesetzliches Kündigungsrecht des Vermieters aus § 554 BGB. ist hier, da eben, wie soeben erwähnt, die nach § 6 eingreifenden §§ 1—5 des RGes. nur einen Rücktritt vom Vertrage, nicht eine Kündigung kennen, ausgeschlossen. Die Nichterfüllung der Vertragspflichten des Käufers berechtigt daher den Verkäufer nur zu dem Rücktritt aus §§ 1—5 in Verbindung mit §§ 346 ff. BGB. (s. S. 15 Anm. 7, S. 15, 16 u. f., sowie Anm. 13 S. 78 und A. 3a zu § 5 und Nachfolgendes).

δ) Das Kündigungsrecht des Mieters ist vertragsmäßig frei bestimmbar und, falls es nicht ausbedungen, nach §§ 542, 565 BGB. ausübbar. Denn die §§ 1—6 des RGes. enthalten keine Beschränkungen jener beiden Kündigungsarten und lassen „Rücktritts"folgen aus §§ 1—5 in Verbindung mit §§ 346 ff. BGB. nur im Falle des Rücktritts des Vermieters eintreten.

Lazarus S. 61 verneint ohne Begründung das Kündigungsrecht des Mieters, muß dies auch tun, da er — vgl. vorstehend unter a — in dem sog. Möbelleihvertrag entgegen dem Wortlaut des § 6 einen Kauf sieht.

ε) Die Aufhebung des sog. Mietsvertrags als verhüllten Abzahlungsvertrags, ohne Erreichung des Abzahlungsgeschäftszwecks, also ohne Eigentumserwerb an den Mietssachen seitens des Mieters, kann, wie schon aus dem eben Dargelegten erhellt, zwei voneinander verschiedene Rechtsfolgen erzeugen.

Erfolgt die Vertragsaufhebung infolge Rücktritts des Vermieters wegen Nichterfüllung der Vertragspflichten des Mieters, so sind die wechselseitig empfangenen Leistungen nach Maßgabe der §§ 1—3 des RGes. zurückzugewähren.

Der Mieter hat sonach die Sachen zurückzugeben, aber nur Zug um Zug gegen Rückgewähr der empfangenen Mietsraten seitens des Vermieters. Dieser kann jedoch von der Gesamtsumme der gezahlten Mietsraten den Betrag der Entschädigungsansprüche abziehen, die ihm — nicht aus § 558 BGB. — sondern gemäß § 2 des RGes. zustehen (vgl. S. 35 u. f.).

Unter diesen Entschädigungsansprüchen ist nun stets bei dem unverhüllten Abzahlungsgeschäft, also in der Form des Kaufs, ein Vergütungsanspruch „für die Überlassung des Gebrauchs oder der Benutzung der Sache" enthalten.

Diese Vergütung ist bei Rücktritt des Veräußerers eines unverhüllten Abzahlungsgeschäfts (wie S. 45 dargetan) nach den verkehrsüblichen Mietswertssummen für die einzelnen Sachen zu bemessen.

Es fragt sich daher, kann bei seinem Rücktritt vom verhüllten Abzahlungsgeschäft im sog. Möbelleihvertrag der Vermieter die vereinbarten und bisher gezahlten Mietsraten einfach als Gebrauchs- oder Benutzungsvergütung behalten, wie in der Praxis nicht selten geschehen? Ganz zweifellos ist dies zu verneinen; anderenfalls wäre ja die ganze Vorschrift des § 6 überflüssig. Wie bei dem unverhüllten, so auch bei dem verhüllten Abzahlungsgeschäft soll, falls der Hingeber der Sachen zurücktritt, jede Bereicherung desselben vermieden werden.

Der zurücktretende Vermieter des Möbelleihvertrags hat daher gemäß § 2 die bisher gezahlten Mietsraten insoweit zurückzuzahlen, als diese unter Überschreitung der verkehrsüblichen Mietssummen nach der deutlichen, wenn auch stillschweigend getroffenen, Parteiabrede zugleich Beträge in Rücksicht auf den endgültigen Erwerb der Sachen enthalten. Selbstverständlich kann der Vermieter von der von ihm danach zurückzuzahlenden Mietsratensumme auch hier Abzüge wegen Aufwendungen und Beschädigungen nach § 2 des RGes. machen. (S. 36, 40.)

Erfolgt die Aufhebung des Mietsvertrags als verhüllten Abzahlungsvertrags durch Kündigung seitens des Mieters, so treten die bei der Aufhebung des gewöhnlichen Mietsvertrags sich ergebenden Rechtsfolgen ein.

Der Mieter hat die Sachen gemäß § 556 BGB. zurückzugeben.

Der Vermieter erhält die Sachen und behält die bisher gezahlten Mietsraten.

Die Ersatzansprüche des Vermieters bestimmen sich nach § 558, die des Mieters nach § 547 BGB.

d) **Der Eigentumserwerb der Sachen** vollzieht sich nach Vollzahlung der Mietsraten des verhüllten Abzahlungsvertrags, wie nach Vollzahlung der Kaufraten im unverhüllten Abzahlungskaufgeschäfte.

Die Vollzahlung der Mietsraten, die den Inhalt der Suspensivbedingung des mit dem Mietsvertrag abgeschlossenen Realvertrags enthält, bewirkt den Eintritt jener Bedingung, damit gemäß § 158 BGB. den Eintritt des Eigentumserwerbs; vgl. S. 86.

Diese Wirkung können die Parteien aber vertragsmäßig beseitigen und an ihre Stelle nur die Verpflichtung des bisherigen Vermieters setzen, den bedingten Realvertrag mit Eintritt der Suspensivbedingung nunmehr unbedingt zu tätigen. Eine solche Abrede liegt in der oft gewählten Vertragsformularstelle: „Erreichen die Mietsraten den Betrag x, so verpflichtet sich Vermieter, die vermieteten Gegenstände dem Mieter käuflich zu überlassen und die gezahlten Mietsraten auf den Kaufpreis zu verrechnen."

Die Ausdrücke „käuflich überlassen" und „auf den Kaufpreis verrechnen" sind allerdings laienhaft ungenau an Stelle der Worte „eigentümlich zu überlassen" und „als Kaufpreis zu betrachten" gewählt. Dessenungeachtet bleibt jene Abrede die rechtsgültige Vereinbarung des besonderen Abschlusses eines *nachträglichen, unbedingten* Realvertrags.

Jene Abrede, wie Lazarus S. 64 meint, einfach als rechtsunverbindlich zu betrachten, ist willkürlich und enthält eine Verkennung des Wesens des Realvertrags als wechselseitigen Einigungsakts beider Parteien, dessen Eintritt frei bestimmbar ist.

Verweigert der Vermieter den Abschluß des unbedingten Realvertrags, so kann der Mieter hierauf klagen; s. auch § 894 Abs. 1 ZPO.

e) **Die tatsächliche Feststellung**, ob ein gewöhnlicher Mietsvertrag oder ein in der Form eines Mietsvertrags verhülltes Abzahlungsgeschäft vorliegt, ist schwierig; da ja der entscheidende Eigentumserwerbszweck des letzteren, wie die Motive hervorheben, auch nur stillschweigend beabsichtigt zu sein braucht, und da andererseits, wie das Gesetz selbst sagt, ein festes Recht auf späteren Eigentumserwerb noch nicht eingeräumt zu sein braucht.

Maßgebende Gesichtspunkte lassen sich entnehmen:

aus der Persönlichkeit des Vermieters; ist letzterer ein Abzahlungshändler, so spricht die Vermutung für ein verhülltes Abzahlungsgeschäft;

aus der Höhe der verabredeten Mietsraten, wenn diese den verkehrsüblichen Mietsbetrag so übersteigen, daß sie zugleich sich als Teile des Erwerbsentgelts darstellen;

aus der in Aussicht genommenen Gestaltung der zukünftigen wirtschaftlichen Lage des Mieters.

Von diesem Gesichtspunkte aus kann in einem so häufig geschlossenen Inventarleihvertrag zwischen einer Brauerei und einem von ihr Bier beziehenden Gastwirt bald ein gewöhnlicher Mietsvertrag, bald ein durch einen Mietsvertrag verhüllter Abzahlungsvertrag liegen.

Der erstere wird vorliegen, wenn der mietende Gastwirt den Wirtschaftsbetrieb zunächst nur versuchsweise bis zur Feststellung seines Ertrags unternimmt. Ein verhüllter Abzahlungsvertrag wird vorliegen, wenn die Betriebsaufnahme zeitlich fest bestimmt und ohne Vertragskautelen für den Fall mangelnder Rentabilität erfolgt ist.

In der Gerichtspraxis haben die ziemlich häufigen Verträge zwischen Brauereien und Gastwirten wiederholt zu einer gesetzwidrigen Nichtanwendung der Vorschriften des Abzahlungsgesetzes geführt.

Die zahlreichen Formulare der sog. Bierlieferungsverträge zeigen vielfach eine ganz enge Verbindung mit Überlassungsverträgen von Gastwirtschaftsinventarstücken. In der Praxis ist in solchen Fällen fortgesetzt ein einheitlicher Vertrag über Bierlieferung mit Inventarüberlassung angenommen, ohne Prüfung des rechtlichen Charakters der „Inventarüberlassung", obschon letzterer einen verhüllten Abzahlungsvertrag in der Form des sog. Möbelleihvertrages enthielt.

Mit Recht ist deshalb in der Rechtsprechung der Oberlandesgerichte 24, 323 betont worden, daß „auch die engste Verbindung mit einem anderen Vertrage (z. B. Bierlieferungsvertrag) dem Abzahlungsvertrage nicht den Schutz des Abzahlungsgesetzes nimmt, und daß daher auch bei einem Rücktritt von letzterem die Parteienansprüche nach § 1 und 2 des AbzGes. zu bestimmen sind.

f) **Die Zwangsvollstreckung** in sog. Leihmöbel eines verhüllten Abzahlungsgeschäfts vor Eigentumserwerb seitens des Mieters erfolgt unter derselben Rechtslage wie diejenige, unter der eine Zwangsvollstreckung in Kaufsachen (unter Eigentumsvorbehalt) eines unverhüllten Abzahlungskaufsgeschäfts steht, in dem Preisraten noch rückständig sind. In beiden Fällen liegt eine Zwangsvollstreckung in Gegenstände vor, die erst im aufschiebend bedingten Eigentum des Schuldners stehen. Es gelten daher auch hier die S. 31, 32 dargelegten Rechtssätze.

6. S. Anm. 2a dieses § 6.

§ 7.[1])

Wer Lotterielose[2]), Inhaberpapiere mit Prämien[3]) (Gesetz vom 8. Juni 1871, RGBl. S. 210) oder Bezugs- oder Anteilscheine[4]) auf solche Lose oder Inhaberpapiere gegen Teilzahlungen verkauft oder durch sonstige auf die gleichen Zwecke abzielende Verträge veräußert[5]), wird mit Geldstrafe bis zu fünfhundert Mark bestraft.

Es begründet keinen Unterschied, ob die Übergabe des Papiers vor oder nach der Zahlung des Preises erfolgt[6])[7])[8])[9]).

1. Das Strafverbot des § 7 betrifft zunächst nicht die Veräußerung der in jenem Paragraph aufgeführten Papiere, wenn deren Erwerber ein im Handelsregister eingetragener Kaufmann ist. Auf einen solchen findet nach § 8 das Abzahlungsgesetz überhaupt nicht Anwendung und daher ist auch dessen § 7 auf einen eingetragenen Kaufmann unanwendbar.

Streitig war und ist aber:

Die rechtliche Natur der unter dem nur gegen den Veräußerer gerichteten Strafverbot des § 7 getätigten Rechtsgeschäfte,

ferner: ob überhaupt Ansprüche aus einem trotz jenes Strafverbots getätigten Veräußerungsgeschäft entstehen; daß das zu bejahen ist, geht aus der Erörterung der nachfolgenden Anmerkung 6 hervor und ist hier um deswillen schon vorweg zu bemerken, da aus der Verneinung jener Ansprüche im Schrifttum eine irrige Beurteilung der rechtlichen Natur der Rechtsgeschäfte des § 7 erfolgt ist.

Die rechtliche Natur einer Veräußerung der Papiere des § 7 ist:

ein Abzahlungsgeschäft unverhüllter Natur (vgl. S. 2), also in der Form des Kaufs, oder verhüllter Art (vgl. § 6), wenn die Veräußerung der Papiere in anderer Form als der des Kaufs erfolgt ist (s. auch nachfolgende Anm. 5).

Die allgemeinen Voraussetzungen jedes Abzahlungsgeschäfts müssen freilich auch hier erfüllt sein, also:

a) Die Papiere müssen übergeben sein.

b) Der Entgelt des Erwerbers muß vertragsmäßig in Teilzahlungen zu entrichten sein Es müssen mithin mindestens 3 (vgl. S. 1) Teilzahlungen nach der Übergabe der Urkunden abredegemäß zu zahlen sein (vgl. S. 5).

c) Der Erwerber darf — wie bereits aus dem eingangs Erwähnten erhellt — nicht im Handelsregister als Kaufmann eingetragen sein. § 8 des RGes.

Ein gewöhnliches Veräußerungsgeschäft betreffs der Papiere des § 7 liegt aber vor, sofern die vorstehend aufgeführten Voraussetzungen eines Abzahlungsgeschäfts nicht erfüllt sind, insbesondere eine Übergabe der Papiere nicht erfolgt ist.

Der § 7 ist sonach eine systemwidrige Vorschrift, da er im Gesetz über die Abzahlungsgeschäfte eine Strafvorschrift gibt, die auch Rechtsgeschäfte betrifft, die nicht Abzahlungsgeschäfte sind.

2. Lotterielose im Sinne des § 7 sind Lose einer öffentlichen, vom Staate oder einer nicht staatlichen Rechtsperson für jeden aus dem Publikum bestimmten Lotterie, wie Lose einer nicht öffentlichen, nur für Mitglieder eines bestimmten Personenkreises bestimmten Lotterie.

Den Lotterielosen stehen Lose einer Ausspielung, wo also der durch Zufall zu bestimmende Gewinn nicht in Geld besteht, gleich § 763 BGB.

Lotterie- und Ausspielungslose haben aber im § 7 zur Voraussetzung, daß der Lotterie- oder Ausspielvertrag, auf Grund dessen die Losausgabe geschehen, staatlich genehmigt ist. § 763 BGB.

Das Fehlen einer solchen staatlichen Genehmigung macht den Lotterie- oder Ausspielungsvertrag unverbindlich und damit die angeblichen Lotterielose zu Urkunden über rechtsunverbindliche Erklärungen.

3. **Der Begriff der Inhaberpapiere mit Prämien** ergibt sich aus den §§ 793. 808 BGB. in Verbindung mit § 1 des RGes. vom 8. Juni 1871.

Der letztere bestimmt jene Urkunden als: „auf den Inhaber lautende Schuldverschreibungen, in welchen allen Gläubigern oder einem Teil derselben außer der Entrichtung der versprochenen Leistungen eine Prämie dergestalt zugesichert wird, daß durch Auslosung oder durch eine andere auf den Zufall gestellte Art der Ermittelung die zu prämiierenden Schuldverschreibungen und die Höhe der ihnen zufallenden Prämien bestimmt werden sollen."

Nach § 1195 BGB. können die diesem Paragraph entsprechenden, Prämienzahlungen enthaltenden Grundschuldbriefe unter den § 7 fallen.

Andererseits entzieht jenen Inhaberpapieren selbstverständlich eine Umschreibung auf den Namen gemäß § 806 BGB., Art. 101 und 174 des EG. z. BGB. die bisherige Eigenschaft als Inhaberpapiere, wenn es auch bei der festgesetzten Prämienzahlung verbleibt, wie denn auch der Erwerb jener Papiere nach der Umschreibung nicht mehr nach §§ 929 u. f. BGB. sich vollzieht.

4. **Der Begriff der Bezugs- oder Anteilscheine** auf Lotterielose und Inhaberpapiere mit Prämien ist durch den Gesetzestext, der wie vom „Verkaufen" jener Lose und Industriepapiere, so auch vom „Verkaufen" jener Scheine spricht, für den ersten Blick zweifelhaft.

Der Verkauf jener Lose und Inhaberpapiere ist ein Verkauf beweglicher Sachen (vgl. Anm. 3), der den Eigentumserwerb der letzteren nach den sachenrechtlichen Vorschriften der §§ 929 u. f. BGB. nach sich ziehen kann und soll.

Ein „Verkauf" jener Bezugs- oder Anteilscheine ist nicht ein Verkauf im rechtlichen Sinne des § 433 BGB., verkaufen ist vielmehr an Stelle des zutreffenden rechtlichen Ausdrucks des Ausstellens oder Übergebens jener Urkunde (oder Kundtuns ihres Inhalts an den Berechtigten) gebraucht.

Diese Tatsache zusammengehalten mit der zweiten Tatsache, daß die Eingangsworte des Gesetzes bereits den Verkauf von Lotterielosen und Prämien-Inhaberpapieren gegen Teilzahlungen verbieten, ergibt:

a) *Bezugs- und Anteilscheine im Sinne des § 7* sind Urkunden zum Beweise des Abschlusses eines Rechtsgeschäfts, in welchem die eine Partei der anderen sich obligatorisch zur Auszahlung des auf ein bestimmtes Los oder Prämienpapier fallenden Gewinns ganz oder zu einer Quote verpflichtet.

Der Besitz der letztgedachten Urkunden auf seiten der die Gewinnzahlung versprechenden Partei braucht somit nicht die Voraussetzung jenes Rechtsgeschäfts zu sein.

Die Ausstellung und Über- (bzw. Kund-)gabe jener Scheine gegen Teilzahlungen stellt das Reichsgesetz im § 7 unter Strafe, und hebt damit für das preußische Rechtsgebiet die frühere Kabinettsorder vom 27. Juni 1837 auf, deren Tatbestand teils enger, teils weiter ist.

b) Anteilsscheine insbesondere können zwar auch Urkunden zum Beweise eines nach Maßgabe der §§ 929 u. f. BGB. begründeten Miteigentumes an Losen und Prämieninhaberpapieren sein, dessen Erwerb gegen Teilzahlungen erfolgen soll.

Als Urkunden dieses Inhalts fallen sie aber nicht unter § 7, d. h. ist ihre Veräußerung nicht besonders strafbar. Denn die durch einen solchen Anteilsschein beurkundete Teilzahlungsveräußerung — es sei in der Rechtsform des Kaufs oder einer anderen Rechtsform (S. 84) — eines Loses oder Prämieninhaberpapiers auf Abzahlung ist durch die Eingangsworte des Gesetzes bereits unter Strafe gestellt. Daß aber jene Veräußerung nur das Quoteneigentum am Los oder an dem Inhaberpapier betrifft, ist unerheblich.

Die nicht in die Rechtsform des Kaufs gekleidete Veräußerung, also ein Abzahlungsgeschäft in verhüllter Gestalt liegt, wie im § 6, so auch hier nur vor, wenn ein den wirtschaftlichen Zweck des Kaufabzahlungsgeschäfts verfolgendes Veräußerungsgeschäft zum Abschluß gelangt ist; vgl. S. 85.

5. a) **Die sog. anormalen Abzahlungsgeschäfte** über Lose und Prämienpapiere und zwar in verhüllter wie unverhüllter Form unterscheiden sich von den Abzahlungsgeschäften über andere bewegliche (über ihre Rechtsgültigkeit s. Anm. 6) im allgemeinen darin:

Der beabsichtigte Erwerb ist auf Eigentumserwerb an der Urkunde, daneben auf den Gewinn gerichtet.

b) Die anormalen Abzahlungsgeschäfte des § 7 weichen deshalb von den normalen in folgenden Einzelpunkten ab:

aa) Ein Rücktrittsrecht des Veräußerers nach Maßgabe der §§ 1—6 ist auch hier gegeben. Die wechselseitige Rückerstattungspflicht der Parteien aus §§ 1 und 2 erleidet hier aber die durch den Vertragsgegenstand bedingten Änderungen.

Von den Ersatzansprüchen des Veräußerers im § 2 fallen fort der Anspruch auf die Gebrauchs- oder Benutzungsvergütung; ein Beschädigungsanspruch aus § 2 kann in abstracto möglich, wird aber in concreto nur sehr selten möglich sein; dagegen kann der Vertragsaufwendungsanspruch aus § 2 gegeben sein.

Hiernach gestaltet sich:

bb) der Rückgewähranspruch des Erwerbers gegen den rücktretenden Veräußerer verschieden, je nachdem Lose mit einmaliger Ziehung oder Klassenlose, oder Inhaberpapiere mit Prämien veräußert sind.

α) Da der Veräußerer eines Loses einmaliger Ziehung vor derselben oder der Bekanntgabe derselben wegen Vertragsverletzung des Erwerbers nach Maßgabe der §§ 1—6 zwar zurücktreten kann, aber neben einem (kaum nachweisbaren) Beschädigungsanspruch und dem Aufwendungsanspruch aus § 2 (S. 36 u. f.) einen Gebrauchs- und Benutzungsanspruch nicht hat, so sind die gezahlten Raten abzüglich der Summe jenes Aufwendungs- und ev. Beschädigungsanspruchs dem Erwerber zurückzuzahlen.

Ein infolge der Ziehung auf das Los gefallener Gewinn gebührt dem zurückgetretenen Veräußerer.

Dies ist ganz zweifelsfrei, wenn das Eigentum an dem Lose vorbehalten war. Der Eigentumsvorbehalt begreift hier, ohne daß es der Heranziehung des § 157 BGB. bedarf, den Vorbehalt des Eigentums an dem Papier und des mit demselben verbundenen und zugleich mitveräußerten Rechts auf den etwa entfallenden Gewinn. Ist das Eigentum an dem Lose nicht vorbehalten, so hat die Rücktrittserklärung des Veräußerers nach §§ 1 bis 6 des RGes. mit ihrer obligatorischen Wirkung der Aufhebung des Vertrags ex tunc die Folge, daß das Eigentum des Papiers und des mit ihm verbundenen und veräußert gewesenen Rechts auf eine Gewinnerhebung zurückzugewähren ist. A. M. ohne Begründung Hausmann A. 7 § 7. Ein erst nach Erscheinen der Gewinnliste und mit Rücksicht auf diese erklärter Rücktritt des Veräußerers ist dagegen unzulässig. Die Tatsache einer so langen Verzögerung der Erklärung eines Rücktritts enthält einen konkludenten Verzicht auf diesen.

β) Der Veräußerer eines Klassenloses steht dem eines Loses zu α nur zum Teil gleich. Unerheblich ist, ob die Losurkunde zur Teilnahme an mehreren Ziehungen beruft, oder nur, wie in den Staatslotterien, zu dem Bezug auf eine andere gleiche Urkunde der folgenden Klassen bei weiterer Einsatzzahlung berechtigt.

Tritt der Veräußerer eines Klassenloses, weil die bedungenen Raten, z. B. des Loses 3. Klasse, nicht voll gezahlt sind, vor Ziehung oder Bekanntgabe der Ziehung 3. Klasse zurück, so sind dem Erwerber die auf das Los 3. Klasse gezahlten Beträge zurückzugewähren, abzüglich der Summe des Aufwendungs- und ev. Beschädigungsanspruchs des Verkäufers aus § 2 (vorstehend unter α und S. 36 u. f.).

Die für die schon gezogene 1. und 2. Klasse gezahlten Raten kann der Erwerber aber vom Veräußerer nicht zurückverlangen; er hat mit jenen Raten die emtio spei jener Klassen nur bezahlt.

Über den Gewinnanfall gilt auch hier das unter α Gesagte.

γ) Der Veräußerer eines Inhaberpapiers mit Prämie veräußert mit dem Papier den Träger eines Kapitalwerts, der dauernd ist, und bleibt, unabhängig davon, ob ein Prämiengewinn auch auf das Papier fällt.

Die vertragsmäßigen Erwerbsraten stellen somit ein Entgelt für den Kapitalswert des Papiers, zugleich aber ein Entgelt für das mit jenem Papier verbundene Recht auf einen etwaigen Prämien-Zufallsgewinn dar.

Der zurücktretende Verkäufer hat daher die empfangenen Raten insoweit zurückzugewähren, als diese nur auf den Kapitalswert jener Papiere gezahlt sind (abzüglich der Summen seines Beschädigungs- und Aufwendungsanspruchs aus § 2 und nicht mehr vorhandener Zinsscheine, s. S. 36).

Einen Anhalt für die danach von jenen Raten zu kürzende Summe, die für die emtio spei der Prämienziehung zu rechnen ist, wird die Differenz gewähren, die zwischen dem Kurswert gleicher Wertpapiere mit und ohne Prämienzahlung zur Zeit des Vertragsschlusses bestanden.

Über den Gewinnanfall gilt auch hier das unter a Gesagte.

6. Die zivilrechtliche Gültigkeit eines dem Strafverbot des § 7 zuwider abgeschlossenen Abzahlungsgeschäfts über Lotterielose und Inhaberpapiere mit Prämien (von der die Darlegung in vorstehender Anm. 5 ausgeht) ist in der Literatur bestritten.

Enneccerus-Kipp-Wolff, Aufl. 6, nehmen Bd. I 2, § 341 unter 3 an: „Der ganze dies Verbot des § 70 verletzende Vertrag ist für nichtig zu halten."

Hausmann A. 7 § 7 nimmt an: der Verkäufer könne nicht auf Erfüllung aus dem Vertrage klagen; der Käufer dagegen könne die Erfüllung verlangen, seiner Klage könne der Verkäufer nicht entgegensetzen, daß sie auf ein gesetzlich verbotenes, zivilrechtlich unwirksames Geschäft sich stütze.

Auch Hoffmann-Wilke führen in A. 3 § 7 aus: der Verkäufer könne aus dem Geschäft keine Rechte ableiten, da einer etwaigen Geltendmachung seiner Forderung die Bestimmung der §§ 135, 853 BGB. entgegenstehe. Der Käufer aber könne aus dem abgeschlossenen Geschäft für sich Rechte und somit auch Verbindlichkeiten des Verkäufers geltend machen.

Die hier zur Entscheidung stehende Frage ist nicht aus § 135, sondern aus § 134 BGB. zu lösen. Dieser § 134 läßt keinen Zweifel, daß die strafrechtlich gegen § 7 verstoßenden Abzahlungsgeschäfte zivilrechtlich vollgültig sind.

Zutreffend nach der Entstehungsgeschichte des § 134 BGB. wird in Anm. 3 BGB. der RGR. ausgeführt: „Ob sich aus dem gesetzlichen Verbote ein anderer Zweck ergibt, als der, Rechtsgeschäfte entsprechenden Inhalts unmöglich zu machen, ist durch Auslegung und unter Berücksichtigung des gesetzgeberischen Grundes zu ermitteln. Verbote eines Strafgesetzes insbesondere machen ein Rechtsgeschäft nicht nichtig, wenn sie sich nur gegen die Handlungsweise des einen Teils der Vertragschließenden richten, wie das zutrifft bei § 7 des AbzGes.; vgl. RG. 60, 275."

Der Zweck des Strafverbots des § 7 ist, den Käufer vor der Ausbeutung seiner Spiellust zu schützen, nicht aber ihm eine Bereicherung zu gewähren, die zustande käme, wenn nur der Käufer, nicht aber auch der Verkäufer, aus dem einmal abgeschlossenen Abzahlungsgeschäft Ansprüche erlangte. Gl. A. von anderen Gesichtspunkten aus Lazarus S. 130.

7. **Das Strafverbot des § 7 trifft jedes einzelne Veräußerungsgeschäft** über Lotterielose und Inhaberpapiere mit Prämien.

Ein gewerbsmäßiges Handeln ist nach dem Inhalt der Gesetzesvorschrift nicht die Voraussetzung ihrer Anwendung. Eine Privatperson, die einer anderen selbst aus Gefälligkeit ein Lotterielos abläßt oder einen Gewinnanteilschein rücksichtlich eines Loses übergibt mit der obligatorischen Verpflichtung, eine entsprechende Gewinnquote zu zahlen (vgl. Anm. 4), verstößt gegen § 7, sofern der Entgelt in mindestens 1 Rate (anders S. 1) nach Übergabe des Papiers zu zahlen ist. Jastrow bestätigt dies im sozialpol. Zentralbl. 3, 169 und Arch. f. soz. Ges. 7, 280 mit Bedauern; allein das Gesetz will dem Abschluß von Abzahlungsgeschäften zu Glückspielzwecken eben unbedingt entgegentreten.

8. Den Strafverbotszweck des § 7 verfolgen im preußischen Rechtsgebiete die Gesetze vom 18. August 1891 und 19. April 1894 (Ges.-Samml. 353 und 73); vgl. zu diesem auch RG. in Strafsachen 4, 81.

9. **Ein Straftatbestand anläßlich eines Abzahlungsvertrags**, der durch eine vielfach übliche Bestimmung des letzteren entstehen kann, sei hier im Anschluß an die Strafvorschrift des § 7 erwähnt.

Einzelne Abzahlungsverträge enthalten eine Abrede, wonach der vom Vertrage zurücktretende Verkäufer berechtigt sein soll, allein oder mit Angestellten die Wohnung des Käufers zu betreten und ohne vorherige Klage und Urteil die jenem übergebenen Sachen fortzuschaffen.

Daß unter Zustimmung des Käufers sowohl das Betreten seiner Wohnung wie die Entnahme der Sachen zulässig, ist offensichtlich und daher einer vertraglichen Festsetzung nicht bedürftig.

Jene Abrede will daher dem Verkäufer das Betreten der Wohnung und die Wegnahme der Sachen ohne und sogar gegen den Willen des Käufers gestatten.

Die Abrede ist unbedingt rechtsungültig. Die zwangsweise Durchführung eines Anspruchs im Wege der Selbsthilfe, also ohne Inanspruchnahme und Anordnung der staatlichen Organe, ist durch die §§ 229, 230 BGB. ausschließlich an die in diesen Vorschriften enthaltenen Voraussetzungen gebunden. Eine Erweiterung dieser Voraussetzungen durch vertragsmäßige Vorschriften hat das BGB. nicht vorgesehen. Die vorgedachte Vertragsklausel will aber vertragsmäßig dem Verkäufer eine Selbsthilfe außerhalb der Voraussetzungen der §§ 229, 230 BGB. gewähren; um deswillen ist jene Klausel ungültig. Hiermit stimmt die — vor dem Inkrafttreten des BGB. entstandene und allerdings etwas unbestimmte — Ausführung der Begründung (vor § 1) überein. Ein Verkäufer, der auf Grund der vorgedachten Vertragsklausel die Wohnung des Käufers mit der erweislichen Absicht betritt, die Abzahlungssachen zu entnehmen, dringt zwar im Sinne des § 123 StGB. noch nicht „widerrechtlich" ein; er kann auf Grund jener Vertragsklausel annehmen, daß diese — wenn auch Klage und Urteil nicht vorangegangen — den Käufer veranlassen wird, die Entnahme der Sachen zu gestatten. Sobald aber der Käufer erklärt, daß er die Entnahme der Sachen nicht gestattet, nötigt der § 123 StGB. den Käufer zum sofortigen Verlassen der Wohnung des Käufers, in der er, falls letzteres unterbleibt, nunmehr im Sinne des § 123 StGB. „ohne Befugnis verweilt" und dadurch einen Hausfriedensbruch begeht.

Die Nichtigkeit einer Vertragsabrede, die dem Abzahlungsverkäufer die persönliche Entnahme der Abzahlungssachen aus der Wohnung des Abzahlungskäufers gestatten will, ohne daß die Selbsthilfevoraussetzungen der §§ 229, 230 BGB. vorliegen, wird jetzt auch von Hörle in den Beiträgen zur Erläuterung des deutschen Rechts Bd. 55 S. 184, 185 angenommen.

§ 8.

Die Bestimmungen dieses Gesetzes[1]) finden keine Anwendung, wenn der Empfänger der Ware[3]) als Kaufmann in das Handelsregister eingetragen[2]) ist[4]).

1. Die Bestimmungen des Gesetzes insgesamt, somit auch die Strafbestimmung des § 7, sind unanwendbar, sofern der Empfänger der Waren als Kaufmann im Handelsregister eingetragen ist.

2. Das Eingetragensein des Erwerbers als Kaufmann im Handelsregister, das Vorliegen dieser formellen Tatsache ist entscheidend. Es ergibt sich hieraus, daß die zweifelsfreie Eintragungsfähigkeit eines Kaufmanns, der nur unter klarem Verstoß gegen § 29 HGB. uneingetragen geblieben, die Anwendung der Vorschriften des Reichsgesetzes nicht ausschließt. Gl. A. fast alle Schriftsteller, a. M. Gareis i. Separatabdruck von Seufferts Bl. f. Rechtsanw. S. 7—8.

Andererseits zeigt die Gesetzesfassung, daß eine entgegen dem § 4 des HGB. erfolgte, der Löschung von Amts wegen aus § 142 des RGes. über freiw. Gerichtsbarkeit vom 17. Mai 1898 unterliegende Eintragung doch die Anwendung der Paragraphen des RGes. beseitigt.

Als Kaufmann ist nur derjenige im Handelsregister eingetragen, der als Handelsgewerbetreibender im Sinne des § 1 HGB. eingetragen ist. Vorstandsmitglieder von Aktiengesellschaften, nicht minder Prokuristen, die für sich und ihre Rechnung Abzahlungsgeschäfte abschließen, stehen somit nicht eingetragenen Personen gleich.

Ausländer als Empfänger von Waren eines Abzahlungsgeschäfts, auch wenn dieses, insbesondere nach seinem Erfüllungsort im Reichsgebiete, dessen Gesetzen unterliegt, sind nicht im Handelsregister eingetragene Kaufleute, wenn sie selbst als solche im Handelsregister ihres Heimatsstaates eingetragen sind und letzteres dem Handelsregister des Deutschen Handelsgesetzbuchs entspricht.

Als Handelsregister im Sinne des § 8 kommt nur das deutsche in Betracht.

3. Die Bezeichnung „Ware" umfaßt alle beweglichen Sachen, die Gegenstand eines Abzahlungsgeschäfts sein können; s. S. 8.

4. Der für den Ausschluß der Vorschriften des Reichsgesetzes entscheidende Zeitpunkt ist der des Empfangs der Abzahlungssachen.

Denn ein Abzahlungsgeschäft kommt nach dem Reichsgesetz erst mit der Übergabe der Waren (vgl. S. 8) zustande.

§ 9.

Verträge, welche vor dem Inkrafttreten dieses Gesetzes abgeschlossen worden sind, unterliegen den Vorschriften desselben nicht[1]).

1. Die Vorschrift des § 9 bringt nur einen allgemeinen Rechtssatz zum Ausdruck, der seit dem Inkrafttreten des BGB. auch im Art. 170 des EG. z. BGB. zur ausdrücklichen Bestätigung gelangt ist.

Nach der Bekanntmachung des Reichsgesetzes in der am 21. Mai 1894 ausgegebenen Nr. 23 des Reichsgesetzblatts von 1894 ist das Gesetz in Gemäßheit des Art. 2 der Reichsverfassung mit dem 4. Juni 1894 in Kraft getreten.

Sachregister.

Die Zahlen verweisen auf die Seiten.

A.

B.

Kolibri 360 GmbH
Ferdinand-Jühlke-Straße 7
99095 Erfurt, Deutschland
produktsicherheit@kolibri360.de